Christl Ruth Vonholdt (Hrsg.)

Verwundete Weiblichkeit

Homosexuell empfindende
Frauen verstehen

BRUNNEN

VERLAG GIESSEN · BASEL

Herausgegeben in Zusammenarbeit mit dem
Deutschen Institut für Jugend und Gesellschaft,
Reichelsheim/Odenwald.

© 2005 Brunnen Verlag Gießen
www.brunnen-verlag.de
Umschlagfoto: IFA-Bilderteam, Düsseldorf
Umschlaggestaltung: Ralf Simon
Satz: Die Feder GmbH, Wetzlar
Herstellung: St.-Johannis-Druckerei, Lahr
ISBN 3-7655-1348-2

Inhalt

Weibliche Homosexualität – Zeichen für verwundete Weiblichkeit

Christl Ruth Vonholdt

Dr. med. Christl Ruth Vonholdt ist Leiterin des Deutschen Instituts für Jugend und Gesellschaft, einem Arbeitszweig der ökumenischen Lebensgemeinschaft Offensive Junger Christen (OJC) in Reichelsheim/Odenwald. Das Institut forscht und informiert über zukunftsfähige Lebensgrundlagen und nachhaltige Entwicklungsarbeit in den Bereichen Ehe und Familie, Identitätsfindung und Pädagogik, Sexualität, Homosexualität.

Auf vielfachen Wunsch von Therapeutinnen und Therapeuten, von Seelsorgerinnen und anderen Frauen und Männern, die mehr über weibliche Entwicklung und über die Ursachen weiblicher Homosexualität erfahren möchten, geben wir den vorliegenden Sammelband heraus. Wir möchten damit über aktuelle Forschungsergebnisse informieren und Einblick in langjährige therapeutische Erfahrungen geben.

Die Texte möchten betroffenen Frauen helfen, weibliche Homosexualität besser zu verstehen. Sie enthalten fundierte entwicklungspsychologische Erkenntnisse zur weiblichen Entwicklung. Und sie möchten dafür sensibilisieren, dass weibliche Homosexualität nur ein Symptom ist, ein anderer Name für eine bestimmte, verwundete Weiblichkeit.

Zur Ursachenforschung weiblicher Homosexualität

Es gibt bisher keine wissenschaftliche Arbeit, die eine biologische oder physiologische Ursache für Homosexualität nachweisen könnte. Möglicherweise gibt es biologische Faktoren, z. B. eine angeborene hohe allgemeine Sensibilität, die eine homosexuelle Entwicklung etwas wahrscheinlicher machen können.

Die Forschung hat dagegen zahlreiche Hinweise darauf, dass eine homosexuelle Neigung in einem komplizierten Entwicklungsprozess erworben wird, in dem frühkindliche emotionale Verwundungen, chronische Traumata, bestimmte Störungen in der Familienstruktur und zusätzlich noch oft sexueller Missbrauch eine wichtige Rolle spielen.

Schon 1935 beobachtete Otto Fenichel, dass ein zentraler Faktor in der Entwicklung zur weiblichen Homosexualität die nicht gelungene frühe Mutter-Kind-Beziehung ist. Fenichel beobachtete, dass homosexuell lebende Frauen in ihrer Beziehung Mutter und Kind miteinander spielen.[1] Und Judith Kestenberg bemerkte 1993: Der Hauptgrund für das Scheitern einer Ehe zwischen einer homosexuell orientierten Frau und ihrem Mann rührt daher, dass die homosexuell empfindende Frau in der Ehe bemuttert werden möchte.[2]

In den letzten Jahren wurden vor allem die Studien von Elaine Siegel bekannt. Ihr Fachbuch „Weibliche Homosexualität"[3] enthält neue Erkenntnisse über Pathogenese und Therapie weiblicher Homosexualität. Siegels Theorieansatz und ihre Therapie stützen sich auf neue Studien zur psychosozialen und kognitiven Entwicklung des Kindes in den ersten Lebensjahren. Bestimmten klassischen psychoanalytischen Theorien über die sexuelle Identitätsentwicklung der Frau widerspricht sie ausdrücklich.

Weibliche Homosexualität, so Siegel, ist die Abwehr einer tief reichenden Selbstunsicherheit in Bezug auf das eigene weibliche Selbst.

Frauen, die in einem frühen Stadium ihrer Entwicklung traumatisiert wurden, haben das Bedürfnis, ihr eigenes mangelhaftes Körperbild zu „heilen", indem sie eine Verbindung mit anderen Frauen suchen. Dieses Grundbedürfnis nach „Heilung" des eigenen Körperbildes ist nach den Beobachtungen Siegels die Hauptursache für die Entstehung lesbischer Neigungen. Homosexuell orientierte Frauen konnten keine positive Identifikation mit der Mutter entwickeln und deshalb auch nie ihre eigene Weiblichkeit entfalten. Das Interesse homosexuell orientierter Frauen an anderen Frauen nennt Siegel ein Ersatzverhalten, einen Weg, um Anteil an der Weiblichkeit anderer zu erhalten.

Über die besondere Art der Entwicklungshemmung bei weiblicher Homosexualität schreibt sie: „... als die Schematisierung des Körpers und die innere Repräsentation des Körpers als nützliches Körperbild angelegt wurden, waren die Vagina und der innere Raum an sich nicht miteinbezogen."[4] Siegel führt das auf chronische Traumata in den frühkindlichen Beziehungen zur Mutter zurück. Dieses unvollständige eigene Körperbild steht auch hinter der Tatsache, dass von lesbischen Gruppen oft jeglicher Unterschied zwischen den Geschlechtern geleugnet wird.

Bei allen Fragen nach den Ursachen weiblicher Homosexualitätsentwicklung ist es wichtig zu verstehen, dass es nicht um ein mechanistisch zu verstehendes Ursache-Wirkungs-Prinzip geht. Das Versagen der Umwelt wird ja gerade nicht einem passiven Organismus aufgeprägt. Bereits vom Säugling wird die Umwelt aktiv erlebt und gedeutet. Es kann sein, dass ein und dasselbe Erlebnis von dem einen Kind als spaßig erlebt wird, einem anderen dagegen Angst einjagt. Das eine Kind mag eine bestimmte Situation als „ich werde abgelehnt, ich bin nicht gewollt" empfinden, ein anderes Kind mag dieselbe Situation ganz anders erleben und deuten. Oft spielen Umstände mit, die niemand ändern kann, z. B. wenn ein kleines Kind lange Zeit von der Mutter getrennt sein muss, wenn die Mutter selbst lange Zeit krank ist usw.

Wir wissen auch, dass viele Frauen in irgendeiner Weise emotionale Mängel in ihrer Kindheit erlebt haben und dass es keineswegs immer zur Entwicklung einer homosexuellen Neigung kommt. Offensichtlich spielt die erlebte Tiefe der emotionalen Mängel eine Rolle; zusätzlich kommt es darauf an, ob verschiedene Faktoren gerade in bestimmten Prägephasen des Kindes zusammenkommen.

Verwundete Weiblichkeit gibt es auch bei heterosexuell empfindenden Frauen. Mögliche Auswirkungen sind: Depressionen, chronische Verschlossenheit, chronische Minderwertigkeitsgefühle über das eigene Frausein, Essstörungen, trotz heterosexueller Gefühle keine Bindungsfähigkeit gegenüber einem Mann, promiske Beziehungen zu Männern usw. Vertreter der lesbischen Bewegung weisen oft auf diese Tatsachen hin und meinen dann, „Heterosexualität" und „Homosexualität" seien doch gleichwertige Ausprägungen menschlicher „Sexualität". Diese Auffassung wird aber durch zahlreiche Studien widerlegt, wonach homosexuell lebende Frauen deutlich häufiger an psychischen Erkrankungen leiden als heterosexuell lebende Frauen.[5] Tatsache ist: Wo eine heterosexuell empfindende Frau sich ihren emotionalen Mängeln stellt, wird ihre Heterosexualität gefestigter und reifer. Wo eine homosexuell empfindende Frau ihre emotionalen Mängel erfolgreich bearbeitet, wird ihre homosexuelle Neigung abnehmen, sie kann eine reife heterosexuelle Orientierung entwickeln.

Manche Frauen haben das Glück, dass sie emotionale Mängel aus der frühen Kindheit in ihrer späteren Entwicklung zumindest teilweise durch neue positive Erfahrungen mit mütterlichen und väterlichen Menschen ausgleichen können. Und jede Frau trifft im Laufe ihres Lebens auch selbst Entscheidungen, die eine homosexuelle Lebensweise wahrscheinlicher oder weniger wahrscheinlich machen.

Nicht wenige homosexuell lebende Frauen sagen: „Ich wollte eigentlich keinen Sex mit der Freundin. Aber ich brauchte sie so sehr, dass ich alles tat, was sie wollte. Sie war schon an homosexuellen Sex gewöhnt und zog mich mit hinein, ich konnte nicht nein sagen." Grundsätzlich können sich sexuelle Gefühle mit jedem anderen, sehr starken Gefühl verbinden. Wenn die größte Sehnsucht der Frau die nach Verbindung mit der Weiblichkeit ist, können sich an diese emotionale Not starke sexuelle Gefühle „anhängen". Und wenn im Leben eines Mädchen schon eine Sexualisierung stattgefunden hat, z. B. durch sexuellen Missbrauch, ist genau dies noch wahrscheinlicher. Sex kann aber die tieferen emotionalen Nöte nur betäuben, er kann sie nicht beantworten.

Weitere Forschung ist dringend erforderlich in der Frage, welche Rolle zudem Öffentlichkeit und Gesellschaft bei der Entwicklung homosexueller Lebensweisen spielen. Untersuchungen weisen darauf hin: Je früher ein Kind etwas über Homosexualität lernt, vor allem, wenn es sich um erfahrungsorientiertes Lernen handelt, desto größer ist die Wahrscheinlichkeit, dass das Kind im Erwachsenenalter eine homosexuelle Lebensweise annehmen wird.[6]

Wer sich verändern möchte, braucht ein Ziel

Elaine Siegel beschreibt eine Erfahrung, aus der wir lernen können[7]. Sie war von einem Frauenzentrum gebeten worden, Therapien für homosexuell orientierte Frauen, die in irgendeiner Weise Beziehungsschwierigkeiten hatten und Hilfe suchten, anzubieten. „Heterosexualität" war dabei nicht das Ziel, das die Frauen von Anfang an anstrebten. Als sie im Verlauf der Therapie aber ihre Verwundungen tiefer anschauten und verarbeiten konnten, entwickelte mehr als die Hälfte von ihnen eine heterosexuelle Orientierung. Dabei waren diejenigen Frauen, die sich ein Kind wünschten, am offensten für die Therapie. Einige Frauen brachen auch die Therapie ab. Andere lesbisch lebende Frauen griffen diejenigen, die sich für eine heterosexuelle Entwicklung geöffnet hatten, an. „Heterosexualität" war ein Ziel, das sie nicht für erstrebenswert hielten. Auf zweierlei kann diese Erfahrung hinweisen: Wo die Ursachen weiblicher Homosexualität emotional verarbeitet werden, wird in vielen Fällen eine Entwicklung zur Heterosexualität hin möglich. Und: Zur Veränderung einer homosexuellen Orientierung braucht es eine Motivation.

Wer sich verändern möchte, braucht einen klaren Willen zur Veränderung. In dem bekannten Buch „Alice im Wunderland"[8] wird folgende Geschichte beschrieben: An einer Weggabelung fragt das Mädchen Alice eine sprechende Katze, welchen Weg es gehen solle. Die Katze fragt zurück: Wo willst du denn hin? Alice: Das weiß ich nicht. Die Katze: Dann ist es auch gleichgültig, welchen Weg du wählst.

Eine Frau, die ihre homosexuelle Neigung verändern möchte, muss wissen, wohin sie möchte. Sie braucht ein Ziel. Eine klare Vorstellung von der Komplementarität von Frau und Mann kann ihr dabei helfen. Und betroffenen Frauen, die Sehnsucht nach einem *anderen* Leben haben, will dieses Buch die Hoffnung begründen: Veränderung einer homosexuellen Orientierung hin zu einer reifen heterosexuellen Orientierung und damit größere Ganzheitlichkeit als Frau sind möglich.

Zu den Autoren und Texten

Janelle Hallman-Burleson, M.A., L.P.C., begleitet als Therapeutin seit vielen Jahren schwerpunktmäßig Frauen, die Wege heraus aus der Homosexualität suchen. Die vorliegenden Texte basieren auf Vorträgen, die sie auf einer Tagung des Deutschen Instituts für Jugend und Gesellschaft im Dezember 2002 auf Schloss Reichenberg gehalten hat.

Die Pastoraltherapeutin *Andria L. Sigler-Smalz,* C.P.C., hat selbst homosexuell gelebt, bevor sie einen Weg heraus fand. Heute ist sie verheiratet. Sie fasst aus ihrer Erfahrung wichtige Aspekte für die Begleitung homosexuell orientierter Frauen zusammen.

Neben den Fragen nach den Ursachen weiblicher Homosexualität geht es im Text des Therapeuten *Joseph Nicolosi, Ph.D.* und *Linda Ames Nicolosi* auch um pädagogische Fragen. Es geht um die Frage, was Eltern dazu beitragen können, dass ihre Töchter sich in ihrer weiblichen Identität sicher und wohl fühlen, und was sie tun können, wenn Fragen oder Schwierigkeiten auftreten. Die Autoren zeigen auch auf, warum radikaler Feminismus und weibliche Homosexualität sich so oft miteinander verbünden.

Weibliche Homosexualität, so zeigen alle Texte eindrücklich, ist das Ergebnis von Verwundungen und *Vergegnungen*[9]. Authentische *Begegnungen* mit Gott, mit der Therapeutin oder Seelsorgerin, mit anderen und mit dem eigenen Selbst sind der Weg zur Veränderung und zu tieferem Frieden.

---

[1] Siehe: Dorpat, Theo L., „Female Homosexuality: An Overview", in: *The Homosexualities, Reality, Fantasy and the Arts*, hrsg. von Ch. W. Socarides und V. D. Volkan, International Universities Press, Madison 1990, S. 117. Fenichel gilt als einer der bedeutendsten Vertreter der zweiten Psychoanalytikergeneration.

[2] Kestenberg, Judith S., „Zur weiblichen Homosexualität", in: *Stumme Liebe*, hrsg. von Eva Maria Alves, Kore, Freiburg 1993, S. 69.

[3] Siegel, Elaine V., *Weibliche Homosexualität*, Reinhardt, München 1992, engl. Original: *Female Homosexuality – Choice Without Volition*, The Analytic Press, Hillsdale, NJ 1988.

[4] Siegel, E. V., ebd., S. 46, deutsche Ausgabe.

[5] Z. B. Sandfort, T. et al, „Same-Sex Sexual Behavior and Psychiatric Disorders: Findings from the Netherlands Mental Health Survey and Incidence Study (NEMESIS)", Arch. Gen. Psych. 58, 2001, S. 85–91.

[6] Van Wyk, P. H. et al., „Psychosocial development of heterosexual, bisexual, and homosexual behaviour", Arch. Sex. Behavior, 13, 1984, S. 505–544, zit. nach: Kempling, C., „Kanadische Lehrpläne zum Thema Homosexualität", in: Bulletin des Deutschen Instituts für Jugend und Gesellschaft, 64385 Reichelsheim, Nr. 6, Herbst 2003, S. 12.

[7] „Elaine Siegel on Lesbianism", Interview von Tom Gregory mit E. Siegel, NARTH Bulletin, Vol. IV, Nr. 3, Dec. 1996, S. 15–18.

[8] Carrol, Lewis, *Alice im Wunderland*, z. B. Insel Taschenbücher, Nr. 42.

[9] Sprachschöpfung von Martin Buber, siehe: Buber, M., *Begegnungen: autobiographische Fragmente*, Lambert Schneider, Heidelberg 1978.

Weibliche Homosexualität – Ursachen und Symptome

Janelle Hallman-Burleson, M.A., L.P.C.

Die Therapeutin Janelle Hallman-Burleson, M.A., L.P.C., aus Denver, Colorado, hat sich seit mehr als zehn Jahren auf die Begleitung von Frauen spezialisiert, die ihre Homosexualität konflikthaft erleben und Veränderung suchen. Sie ist Leiterin der Beratungsarbeit „Desert Hope Ministries" und Dozentin an der Colorado Christian University.

Um die wichtigen Ursachen weiblicher Homosexualität besser verstehen zu können, soll in einem kurzen Überblick die idealtypische Entwicklung des Mädchens, wie wir sie aus der Entwicklungspsychologie kennen, skizziert werden. Dabei wird deutlich werden, wie sehr *Beziehungen* die Grundlage für Überleben, Wachstum und eine gute Entwicklung des Kindes sind, für den Aufbau einer eigenen Identität und schließlich für die Entwicklung der Fähigkeit, sich mit anderen verbinden und lieben zu können.

Die idealtypische Entwicklung des Mädchens – ein Überblick

1. Bedürfnisse des Säuglings
Annahme, Nahrung, Wärme, Schutz, Sicherheit, Fürsorge, Nähe, Beständigkeit, Geborgenheit, Berührung, Aufmerksamkeit, Sprache; beständige, geborgene Bindung an die Mutter führt zum Grundgefühl des (Wohl-)Seins, das die Grundlage für jede weitere Identitätsbildung und Entwicklung des weiblichen Selbst ist; Urvertrauen, sodass das Mädchen entspannen und einfach „werden" kann.

2. Bedürfnisse des Mädchens
Wie unter 1., außerdem mehr aktive Interaktion mit der Mutter, sodass das Mädchen sich mit ihr identifizieren kann, sich in ihr spiegeln kann. Mehr Aufmerksamkeit und positive Bestätigung vom Vater (der

Vater ist für Mädchen und Junge die Schlüsselfigur in der positiven Bestätigung der Geschlechtsidentität), Grenzen, Ermutigung, Respekt, Möglichkeiten zum Lernen, Fähigkeiten erlangen, Freunde und Freundinnen.

3. Bedürfnisse des Mädchens etwa ab der Pubertät

Annahme durch eine gleichaltrige Mädchengruppe gibt das Gefühl der Dazugehörigkeit; Aufmerksamkeit und Bestätigung durch das *andere*, „fremde" Geschlecht; das Wissen um das eigene Selbst wächst in der Spiegelung mit anderen Mädchen und in der Begegnung mit dem „fremden", dem anderen Geschlecht, letztlich in der Freundschaft mit Mädchen und Jungen, es festigt das Gefühl für das eigene, weibliche Selbst.

4. Bedürfnisse der erwachsenen Frau

Intimität und tiefe Verbundenheit mit anderen; Wissen um ein eigenes Ziel im Leben und Wissen um die Bedeutung des eigenen weiblichen Lebens; wenn es zur Ehe kommt: ganzheitliche Vereinigung von Leib, Seele und Geist mit einem männlichen Gegenüber, dessen Selbst in Komplementarität zum weiblichen Selbst angelegt ist.

Die wichtigen „Arten" der Liebe[1]

1. Mütterliche/väterliche Liebe und Zuneigung

Beide sind wesentlich und notwendig für ganzheitliches Wachstum und Entwicklung, auch zur Entwicklung von Beziehungsfähigkeit und Entwicklung der eigenen Identität.

2. Freundschaftliche Liebe

„Seite an Seite", die Interessen des Mädchens und ihre weibliche Identität werden in diesen Freundschaften gefestigt, Erfahrung von Gleichheit.

3. Erotische Liebe

„Auge in Auge" mit einem, der *anders* ist. Gefühlsmäßig ist das ein viel intensiverer Kontakt. Die junge Frau lernt sich kennen durch das Erfahren von Gegensätzen.

4. Sexuelle Liebe

Kann voll aufblühen im geschützten Rahmen der Ehe. Dieser geschützte Raum ermöglicht ein völliges Sich-verletzlich-zeigen.

All dies sind Voraussetzungen für ein „ideales" Leben. Was aber nun, wenn einige der Grund-Bedürfnisse in der Entwicklung nicht gestillt wurden? Wenn das Kind nach der Geburt von der Mutter getrennt wurde und nie ein Grundgefühl des „Wohl-Seins" entwickeln konnte? Wenn der Säugling nur selten berührt wurde? Wenn die Mutter selbst ein stressvolles oder hektisches Leben hatte und emotional nicht verfügbar war?

Wenn grundlegende Entwicklungsbausteine fehlen, geraten die „Arten der Liebe" durcheinander. Sexuelle Liebe wird dort eingesetzt, wo man sich eigentlich nach fehlender mütterlicher Liebe sehnt. Sex oder auch nur eine romantische Beziehung können aber das Bedürfnis nach mütterlicher Liebe nie stillen. Hier liegt eines der Kernprobleme weiblicher Homosexualität.

> *Sexuelle Liebe wird eingesetzt, wo man sich eigentlich nach fehlender mütterlicher Liebe sehnt.*

Eine Vorbemerkung für Eltern

Weibliche Homosexualität ist ein komplexes Phänomen, viele Faktoren spielen dabei eine Rolle. Ein wichtiger Faktor sind die (frühen) familiären Beziehungen des Mädchens. Wenn im Folgenden über Familiendynamiken und Beziehungsproblematiken gesprochen wird, ist es besonders für Eltern von homosexuell empfindenden Frauen wichtig zu wissen:

1. Nicht nur die Beziehungen zwischen Eltern und Kindern sind oft mit ungelösten Konflikten belastet, sondern auch die Beziehungen zwischen den Ehepartnern. Die Beziehungen der Ehepartner zu ihren eigenen Eltern trugen ungelöste Probleme in sich – und ebenso die Beziehungen der Großeltern zu den Urgroßeltern. Mit einem Teil solcher Konflikte haben wir alle zu kämpfen.

2. Jedes Kind ist einmalig und erlebt die Welt auf einmalige Weise. Ein Kind mag eine bestimmte Situation z. B. als lustig empfinden und lachen. Ein anderes Kind mag in derselben Situation Angst empfinden

und sich zurückziehen. Eltern können solche Reaktionen nur wenig beeinflussen.

Gescheiterte Beziehungen sind Teil unserer menschlichen Welt.

Weibliche (und männliche) Homosexualität hängt also stark damit zusammen, wie ein Kind die Welt erlebt und Ereignisse empfindet und deutet. Wo es im Folgenden um gescheiterte Beziehungen zwischen Mutter, Vater und Tochter geht, soll damit nicht gesagt werden, dass die Eltern das Kind nicht geliebt hätten. Allerdings hat das Kind aus irgendeinem Grund diese Liebe nicht spüren und empfangen können. Gescheiterte Beziehungen sind Teil unserer menschlichen Welt. Leider können daraus jedoch lebensbestimmende Probleme erwachsen. Homosexualität ist nur ein Beispiel dafür. Für Eltern ist es wichtig, sich den ungelösten Problemen offen zu stellen, ohne sich von Schuld lähmen zu lassen oder die Verantwortung für etwas zu übernehmen, das nicht allein ihre Verantwortung ist.

Wichtige Ursachen weiblicher Homosexualität

Die Ursachen für weibliche Homosexualität sind im Wesentlichen in vier Grundfaktoren zu finden. Zwar kann man allein aus dem Vorhandensein dieser Faktoren noch nicht schließen, dass ein Mädchen einmal homosexuell empfinden wird. Trotzdem sind sie die häufigsten und immer wiederkehrenden Merkmale in den Lebensgeschichten homosexuell empfindender Frauen. Ich bezeichne sie deshalb als prä-lesbische[2] Faktoren. Im Einzelnen geht es dabei um folgende:

1. Eine angespannte, distanzierte oder fehlende Bindung an die Mutter ohne verfügbaren Mutterersatz führt zu einem ungestillten Bedürfnis nach Bindung.

2. Das Erleben von sexuellem Missbrauch oder anderen seelischen Traumata – meist durch einen Mann – führt zu Angst vor Männern / Hass auf Männer.

3. Wenige oder keine Mädchenfreundschaften zu haben, führt zu einem ungestillten, übermäßigen Bedürfnis nach Angenommensein und Zugehörigkeit.

4. Das Gefühl einer inneren Leere und eines inneren Entwicklungsstillstandes anstelle einer ganzheitlichen weiblichen Identität

führt zu einem ungestillten Bedürfnis nach eigener, weiblicher Identität und danach, endlich ein Gefühl für das eigene weibliche Selbst zu bekommen.

Der letzte Faktor ist bereits ein Ergebnis der ersten drei Faktoren, im Grunde baut jeweils ein Faktor auf dem anderen auf, und sie beeinflussen sich gegenseitig. Lesbisch orientierte Frauen, die durch die lesbische Bindung an eine andere Frau versuchen, die inneren Nöte zu stillen, pendeln zwischen den einzelnen ungestillten Bedürfnissen und Faktoren hin und her bzw. bewegen sich im Kreis. Nach meiner Erfahrung gibt es auch einige Wesenszüge bzw. (angeborene) Eigenschaften, die zumindest bei den Frauen, die mich aufsuchen, ungewöhnlich häufig zu finden sind. Dazu gehören eine überdurchschnittlich hohe Intelligenz, eine große Sensibilität für jede Art von Ungerechtigkeit oder Heuchelei, Sportlichkeit, eine natürliche Neigung zu eher „männlich" eingestuften Interessen, eine Fähigkeit, tief und leidenschaftlich zu empfinden.

Diese Eigenschaften können das Erleben der oben genannten entwicklungs- und umweltbedingten Faktoren durchaus beeinflussen und eine Entwicklung zur Homosexualität wahrscheinlicher machen.

Mutterentbehrung

Lesbisch orientierte Klientinnen leiden an einer Mutterentbehrung, einem tiefen Mangel an echter mütterlicher Liebe. In ihrer Lebensgeschichte fehlt das Gefühl, von einer zugewandten und einfühlsamen Mutter genährt und umsorgt worden zu sein.

Lesbisch orientierte Klientinnen leiden an einer Mutterentbehrung.

Eine Frau, nennen wir sie Betty, schreibt:

> „Ich wuchs auf einem kleinen Bauernhof auf. Meine Mutter hatte den ganzen Tag immer viel auf dem Hof zu tun und ließ mich als kleines Kind lange Zeit allein im Laufgitter. Scheinbar hatte ich mich an dieses Alleinsein gewöhnt."

Eine andere Klientin erzählt, dass sie gleich nach der Geburt von ihrer Mutter getrennt wurde und zu ihrer Adoptivmutter keine warmherzige

Bindung entwickeln konnte. Viele Klientinnen berichten, dass es zur Zeit ihrer Geburt oder in den ersten zwei Lebensjahren im Leben ihrer Mütter sehr viel Stress, Schwierigkeiten und Chaos gegeben habe – sei es durch Umzüge, durch Depressionen, alkoholkranke Ehemänner, mehrere andere Kinder, übermäßigen Druck von perfektionistischen Familienmitgliedern, aufgezwungene Adoption weiterer Kinder, weil Verwandte gestorben waren oder ihr Kind verlassen hatten, usw. Durch solche Umstände wurde es der Mutter unmöglich, eine ruhige und fürsorgliche Beziehung zu ihrer kleinen Tochter aufzubauen.

Oft höre ich auch, dass prä-lesbische Mädchen eine sehr „enge" Beziehung zu ihrer Mutter hatten, weil die Mutter das Kind „brauchte" und sich ganz auf es verließ: Das Mädchen musste die Hausarbeit machen, die Geschwister versorgen und beschützen, sich um den alkoholkranken Vater kümmern und Mutters Vertraute sein, während sich die Mutter z. B. den größten Teil des Tages im Bett verkroch. Eine Tochter musste immer den Notarzt rufen, wenn ihre Mutter Selbstmord begehen wollte. Solche Beziehungen haben den Anschein von Nähe, in Wirklichkeit fehlt den Mädchen aber die mütterliche Fürsorge, das mütterliche *Geben*, das sie gebraucht hätten.

Solch fehlende Beständigkeit, der Entzug mütterlicher Fürsorge oder offensichtliche Trennungen, Vernachlässigungen, Verlassenwerden und Alleingelassensein dürfen nicht leicht genommen werden, besonders, wenn keine Ersatzmutter da ist. Für die Entwicklung eines Mädchens gibt es vielleicht kein größeres seelisches Trauma als das, das mit der ersten Beziehung zur Mutter zu tun hat.[3] Die Mutter ist nicht nur die erste Beziehung und Bindung für den weiblichen Säugling, sondern auch das erste Bezugsobjekt, mit dessen Hilfe das kleine Mädchen sein eigenes Selbst wahrnimmt.

Auf der Bindung an die Mutter baut der ganze Prozess der Identifikation als Frau auf. Erlebt das Mädchen einen Bruch in dieser grundlegenden und im Idealfall auch anhaltenden Beziehung, erwächst in ihm ein ungestilltes, übermäßiges Bedürfnis nach den „Begleiterscheinungen" einer solchen Beziehung wie Zuneigung, Berührung, Saugen, intensiver Augenkontakt usw. Doch mehr noch: Alle späteren Beziehungen und der gesamte Entwicklungsprozess der eigenen weiblichen Identität werden dadurch beeinträchtigt. Wenn ein Mädchen sich gesund entwickeln soll, braucht es von Anfang an eine beständige, warmherzige und geborgene Bindung[4] an die Mutter, an jemanden,

der „ist wie sie". In dieser ersten Beziehung[5] entsteht das un-
verzichtbare Element *jeder* Beziehung: Vertrauen[6].
Die Tochter braucht dann auch die Zuwendung eines
starken und beschützenden Vaters, der ihr zur Seite steht, ihre einzigartige Persönlichkeit und Weiblichkeit positiv bestätigt und ihre besondere Beziehung zur Mutter unterstützt
und schützt. Im Laufe der Zeit werden immer mehr Menschen – Männer wie Frauen – in das Leben des Mädchens
eintreten. Mit jeder Beziehung bekommt das Mädchen bzw.
die junge Frau ein besseres Verständnis für sich selbst als Person.[7] So
wird sie sich als die einzigartige weibliche Person, die sie wirklich ist,
annehmen und sich daran freuen können. „Frauen bleiben, bauen auf
und entwickeln sich in einer Umgebung, die von Bindung und Verbindung zu anderen Menschen gekennzeichnet ist. In der Tat entsteht
das Gefühl einer Frau für ihr eigenes Selbst in hohem Maße durch die
Fähigkeit, Beziehungen aufzubauen und diese Beziehungen und Ver-
bindungen aufrechtzuerhalten."[8]
In der biblischen Schöpfungsgeschichte (Genesis 2) fällt mir immer
wieder auf: Die Tiere und Adam wurden aus Erde geschaffen, Eva dagegen ist das einzige Wesen, das aus einem anderen Lebewesen geschaffen wurde. Für mich ist das ein Hinweis, dass zum ursprüng-
lichen Wesen der Frau sehr stark die Bezogenheit auf andere Menschen
dazugehört.

> In der ersten Beziehung zur Mutter entsteht das unverzichtbare Element jeder Beziehung: Vertrauen.

Bindungsstörungen beim Mädchen

Während der Junge die wichtige Entwicklungsaufgabe bewältigen
muss, sich von der Mutter zu lösen, fortzubewegen, um sein Zuhause
und seine Identität beim Vater zu finden, steht das Mädchen vor der
schwierigen Aufgabe, ein eigenes Selbst[9], eine einzigartige, also ge-
trennte Identität zu entwickeln bei gleichzeitig weiter bestehender
Bindung an und Bezug zur Mutter.
Viele Therapeuten und Seelsorger machen die Beobachtung, dass
das Verhalten in lesbischen Beziehungen infantiler und „frühkind-
licher" ist als das Verhalten in männlichen homosexuellen Beziehungen. Das hängt mit den oben geschilderten unterschiedlichen Ent-
wicklungen von Jungen und Mädchen zusammen. Kommt es beim

Weibliche Homosexualität ist möglicherweise tief gehender und primärer als männliche Homosexualität.

Jungen zu einer Störung im Bindungs- und Identifikationsprozess mit dem Vater, so hat er (hoffentlich) noch die Bindung zur Mutter erfahren. Wird die erste Bindung des Mädchens an die Mutter gestört, hat es nie eine geborgene Bindung erlebt, sondern hängt sozusagen „frei in der Luft". Ihm fehlt jede Voraussetzung, um überhaupt ein Kern-Selbst entwickeln zu können. Weibliche Homosexualität ist deshalb möglicherweise tief gehender und primärer als männliche Homosexualität.

Während die Worte „Trennen", „Sich-Anstrengen", „Unterscheiden" im Prozess des Findens der eigenen Identität für den Jungen wichtige erste Worte sind, sollten diese *keine* primären oder entscheidenden Worte in der Erfahrungswelt des kleinen Mädchens sein. Wenn die Erfahrungen des Mädchens mehr Trennungen, Bindungs-*Störungen* und ein Sich-Anstrengen darum, jemanden zu finden, an den es sich binden kann, beinhalten als Nähe, geborgene, ruhige Bindung und Verbindung, sind die Folgen schwer wiegend. Das Mädchen wird dann:

1. Die Möglichkeit verlieren, seine Kern-Identität auszubilden und seine Beziehungsfähigkeit voll zu entwickeln (Bindungsfähigkeit, Geben und Nehmen, Wechselseitigkeit usw.).

2. Misstrauen entwickeln, ja erwarten, dass es verlassen wird und deshalb an klassischer Trennungsangst (und/oder Verlassenheitsdepression) leiden.

Hier liegen die Nöte der prä-lesbischen Klientin.

Eine Frau beschrieb ihre Beziehungen, in denen sie den durch frühe Verlassenheit erlebten Mangel an Bindung zu kompensieren versuchte, um überhaupt überleben zu können, so:

> „Anfangs rührte mein brüllender Schmerz daher, dass ich zu der Zeit, in der meine Seele Gestalt annahm, nicht genügend ‚Liebes-Transfusionen' erhalten hatte ... Meine ‚Saugnäpfe', die mich an andere Menschen hätten binden sollen, konnten nie richtig wachsen. Ich konnte nie mein eigenes Selbst entwickeln, nie die Fähigkeit entwickeln zu lieben, zu vertrauen und mich dem göttlichen Lebensstrom anzuvertrauen ... Statt Bindung lernte ich kalkulieren, abwägen, gebrauchen,

mich durchmanövrieren und meinen Weg durch den menschlichen
Dschungel finden, lernte verschlingen oder verschlungen werden. Anstelle von Offenheit hatte ich Zäune errichtet, Schutzschilde und un-
durchdringliche Wände. Anstelle von Annahme und Verständnis lernte ich Machtkampf, Manipulation, Verurteilung, Forderungen stellen
und Verachtung."[10]

3. Durch jede Erfahrung der Zurückweisung und des Verlassenwer-
dens, die das Mädchen irgendwann erlebt, wird es glauben, dass es
selbst, als Mädchen, die Ursache der schmerzlichen Abtrennung ist.
Eine Frau, die mit lesbischen Gefühlen kämpft, glaubt schon als Mädchen tief und fest, dass sie nicht „in Ordnung" ist, nicht willkommen,
zutiefst nicht liebenswert. Eine Klientin sagte mir, sie glaube, schädlich für andere zu sein, denn jede Beziehung, die
sie begann, endete irgendwann abrupt: „Es muss etwas in
mir sein, wodurch alle, die mir nahe kommen, vergiftet oder
geschädigt werden." Lesbisch orientierte Frauen ringen mit
einem tiefen Selbsthass – einem Hass auf sich als Person und
auf ihre Weiblichkeit. Deshalb lehnen sie ihre weibliche
Identität systematisch ab. Das aber stört den normalen Entwicklungsprozess der weiblichen Identität.

*Lesbisch orien-
tierte Frauen
ringen mit
einem tiefen
Selbsthass –
einem Hass auf
sich als Person
und auf ihre
Weiblichkeit.*

Sexueller Missbrauch

Sexueller Missbrauch an sich führt nicht zur weiblichen Homosexualität. Wenn aber ein Mädchen, dem eine geborgene und sichere Bindung an die Mutter fehlt und das deshalb bereits ein wachsendes
Gefühl von Misstrauen hat, missbraucht wird, verstärkt der sexuelle
Missbrauch die bereits bestehenden Beziehungsdefizite. Er verstärkt
die Erfahrung von Vernachlässigung und Verlassenheit. Er verstärkt sie
auch deshalb, weil das Mädchen durch den Missbrauch und die resul-
tierende Scham zu Geheimhaltung, Verstecken und damit weiter in
die Isolation gezwungen wird. Das Entsetzen des erlebten Missbrauchs
wird ihr Selbstbild vom „schädlichen" Mädchen und ihren Glauben,
sie sei weniger als ein Mensch oder eine Verzerrung dessen, was man
einmal „Mädchen" nannte, nur verstärken. Aus der Erfahrung, verletzt, nicht respektiert, sondern benutzt worden zu sein, erwachsen
Wut und Zorn auf Männer. Dieser Zorn wird zusätzlich angeheizt

durch die Erfahrung, dass weder Frauen (die Mutter) noch Männer vertrauenswürdig sind.

Identitätsverwirrung

Bevor ich die Symptome beschreibe, die zur weiblichen Homosexualität gehören, ist es wichtig, darauf hinzuweisen, dass das prä-lesbische Mädchen – um überhaupt überleben zu können – fast immer in einen ruhelosen Aktivismus verfällt. Da es sich in der Welt der Beziehungen nicht sicher fühlt, ist es ständig draußen, klettert auf Bäume, baut Festungen, angelt mit dem Vater (wenn er freundlich und gutmütig ist), arbeitet in der Autowerkstatt, treibt Sport und wird der „Sohn" der Familie. Viele Klientinnen haben mir Fotos gezeigt, auf denen sie etwa sechs Jahre alt waren. Sie kleideten sich, standen und wirkten wie kleine Jungen.

Das prä-lesbische Mädchen verfällt – um überleben zu können – fast immer in einen ruhelosen Aktivismus.

Diese Mädchen waren oft dem Vater näher und identifizierten sich mit ihm. Wenn aber das Mädchen nie zuvor eine wirkliche Bindung an die Mutter erfahren hat und nie eine Identifikation mit ihr entwickeln konnte, ist die Verbindung zum Vater keine wirklich sinnvolle und hilfreiche Bindung. Außerdem ist die Mutter nicht selten eifersüchtig auf eine solche Nähe zwischen ihrem Mann und der Tochter und vergrößert damit nur die Kluft zwischen sich und ihrer prä-lesbischen Tochter.

Betty schreibt weiter:

> „Ich hatte einen älteren Bruder und ältere Schwestern, aber Papas Liebling war ich. Mein Vater versuchte jedoch, bei mir auf unangemessene Weise seine eigenen emotionalen Bedürfnisse zu stillen. Meine Mutter war eifersüchtig auf die besondere Beziehung, die ich zu meinem Vater hatte."

Durch diese spannungsvollen und falschen Bindungen wird das Mädchen in seinem Prozess der geschlechtlichen Identitätsfindung nur weiter gestört und verwirrt.

Das ausgesprochen „jungenhafte" Verhalten des Mädchens führt oft zu großen Enttäuschungen, wenn es mit anderen Mädchen in Beziehung treten möchte. Klientinnen berichten oft, dass sie einfach nicht zu den anderen Mädchen in der Stadt oder Schule gepasst hätten. Und hatten sie einmal eine besondere Freundin gefunden, geschah es häufig, dass diese bald danach wegzog. Prä-lesbische Mädchen scheinen zudem sehr empfänglich für Verrat und Ächtung zu sein, etwas, das leider unter pubertierenden Mädchen häufig ist. Die Lebensthemen Verlassenheit und schädliches Selbstbild erhalten dadurch nur neue Nahrung. Prä-Homosexualität bei Frauen ist deshalb durch folgende Faktoren gekennzeichnet:

1. ein Abgetrenntsein von anderen, Frauen *und* Männern – und zugleich eine tiefe Angst, man werde niemals in der Lage sein, eine Bindung einzugehen,

2. ein Abgetrenntsein vom eigenen Selbst, gekennzeichnet durch eine tiefe innere Verzweiflung und Trostlosigkeit, ein fehlendes Gefühl für das eigene Selbst oder bestenfalls ein gestörtes, verzerrtes und ungeliebtes Selbst, sowie

3. eine Geschlechtsidentitätsverwirrung.

Weibliche Homosexualität ist auf einem Kontinuum, nicht an einem Punkt, zu suchen: Je früher ein Mädchen Trennung, Vernachlässigung und Grenzverletzung erlebt, desto schwerere Auswirkungen hat das. Das Hauptthema der Geschlechtsidentitätsverwirrung wird in Bettys weiterer Geschichte deutlich:

„Ich verhielt mich wie ein Junge und kleidete mich auch so, und meine Mutter schien das noch zu ermutigen. Mütterliche Fürsorge erhielt ich kaum von ihr. Ich kann mich nicht erinnern, dass sie mich jemals gehalten oder getröstet hätte. Sie hat mir nie etwas beigebracht, das man als weiblich oder feminin bezeichnen könnte. Sie war selbst auch nicht feminin und ich vermute, dass sie selbst nicht gerne eine Frau war. Sie war der Auffassung, Frauen seien schwach.

Mitten in dieser Leere, die ich in mir spürte, diesem ‚schwarzen Loch‘, das meine Familie nicht füllen konnte, wurde ich im Alter von sieben Jahren von einem älteren

Die homosexuelle Frau träumt von und sehnt sich nach einer sicheren, geborgenen und umsorgenden Bindung und Beziehung.

Jungen sexuell missbraucht. Die Berührung fühlte sich zuerst gut an, ich wurde von dem Jungen aber dann zurückgewiesen und gedemütigt. Ich schwor mir, niemals wieder irgendjemanden zu brauchen. Ich hasste meine Weiblichkeit und hielt sie für Schwäche.

Als Teenager trug ich Jeans und T-Shirts oder Armeekleidung und Kampfstiefel. Schließlich ging ich als Reservistin zur Armee. An der Universität lernte ich eine Freundin kennen, die sich um mich kümmerte und weinte, als ich ihr von dem sexuellen Missbrauch erzählte. Die nächste enge Freundin, die ich hatte, hielt mich im Arm und tröstete mich, wenn ich Schmerzen empfand. Sie sagte mir, dass sie lesbisch sei. War ich das auch? Alles, was ich wusste, war, dass ich so eine Beziehung mein Leben lang gesucht hatte – eine geborgene, zärtliche, nicht missbräuchliche Beziehung, gegründet auf Gegenseitigkeit und tiefe Fürsorge."

Die prä-homosexuelle/homosexuelle Frau träumt von und sehnt sich nach einer sicheren, geborgenen und umsorgenden Bindung und Beziehung.

Emotionale Abhängigkeit – ein Versuch zu überleben

Zentrales Kennzeichen weiblicher Homosexualität ist nicht so sehr – wie bei der männlichen Homosexualität – das sexuelle Verhalten, sondern die abhängige Beziehung. In dem Versuch, die unerwünschten Lebensthemen der eigenen Biografie: Getrenntsein von anderen, Vernachlässigung, Entzug von Beziehung, Verlassenheit und die daraus folgenden andauernden Gefühle von Einsamkeit, innerer Leere und Angst loszuwerden oder zu lindern, suchen diese Frauen unbewusst (manchmal auch bewusst) genau das, was ihnen fehlt: die Mutter (Sicherheit und Geborgenheit), eine Freundin (Bestätigung und Gegenseitigkeit), ein Gefühl für das eigene Selbst und die eigene weibliche Identität.

Schließt ein prä-lesbisches Mädchen Freundschaft mit einem Mädchen oder einer Frau, die ihm unbewusst das Gefühl vermitteln, sie seien „wie die Mama" oder „die beste Freundin, die sie nie hatten", kann sich die Beziehung sehr schnell (sogar innerhalb der ersten Stunde) in eine alles verschlingende emotionale Abhängigkeit verwandeln.

Emotionale Abhängigkeit ist nicht übergroße Liebe, sondern Folge einer tiefen Angst vor Intimität und echter Nähe. Diese Angst vor Intimität, die eine „defensive Abkopplung"[11] von anderen und vom eigenen Selbst ist, schafft ein Vakuum ungestillter Bedürfnisse nach Beziehung und Identität. Die Frau versucht dann, eine andere Frau, die ihre Mutter, ihre verlorene Freundin oder ihr verlorenes Selbst symbolisieren, in dieses Vakuum hineinzuziehen. Gleichzeitig „verliert sich" diese Frau, die so „hungrig" nach Bindung ist, in der anderen Frau, indem sie ihr Wohlbefinden, ihre Sicherheit und sogar ihre Identität in das Belieben der anderen Frau stellt. Es ist wichtig zu betonen, dass bei diesen Abhängigkeiten der Grundstoff und Mittelpunkt der Beziehung die *eigene Sehnsucht nach Verbindung*, nach einem Gefühl von Bindung[12] ist; es geht nicht um die einzigartige Individualität der anderen Frau. Manchmal kennen die beiden einander kaum.

> Emotionale Abhängigkeit ist nicht übergroße Liebe, sondern Folge einer tiefen Angst vor Intimität und echter Nähe.

Unbewusst sagt eine Frau damit: „Mein Wohlbefinden ist abhängig von der Verbindung mit einer anderen Frau. Ist die Verbindung oder Beziehung beständig, geborgen, sicher und liebevoll (perfekt), fühle ich mich gut. Wird die Verbindung auf irgendeine Weise bedroht, stürze ich in eine Krise. Dann bin ich nicht okay. Ich könnte sogar sterben."

Wenn die Beziehung als bedroht erlebt wird oder sie tatsächlich bedroht ist, beginnt ein ganzes Programm, um die hochkommende Trennungsangst abzuwehren u. a. mit Verführung, Manipulation, Druck, Gewaltanwendung usw. Dabei sucht die homosexuell orientierte Frau nicht verzweifelt die andere Frau, auch wenn es so scheinen mag, sie sucht und braucht vielmehr unbedingt die symbolische Bindung. Ohne diese Bindung ist sie wieder wehr- und schutzlos den eigenen schmerzhaften inneren Wahrheiten und Wirklichkeiten, also den drei genannten prä-lesbischen Faktoren, ausgesetzt.

Lesbische Beziehungen sind gekennzeichnet durch ein abwehrendes, defensives Sich-in-Posewerfen und Manövrieren. In Bezug auf das echte Bedürfnis der Frau, in ihrem *wahren* Selbst bestätigt, geliebt und angenommen zu sein, um dadurch endlich zu einem Gefühl für das eigene, einzigartige weibliche Selbst zu kommen, sind es unbefriedigende Beziehungen. Dennoch kann man in diesen Bindungen das tiefer liegende, wirkliche Bedürfnis der Frau nach einer warmherzigen, fürsorglichen Mutter klar erkennen.[13] Beispielsweise möchten sich diese Frauen oft ganz einfach nur in die Arme einer anderen Frau kuscheln und an ihrer Brust saugen.

Eine Frau berichtet:

> „Beim Lesbianismus ging es mir nicht um Sex. … Alles, was ich suchte, war Verbindung, eine tiefe, emotionale Verbindung. Ich wollte jemanden, der mich vervollständigen würde. Jemanden, der mir Wert und Würde geben würde. Mit anderen Worten, jemanden, der mich brauchen würde. Die sexuelle Beziehung kam später und war die Art und Weise, wie wir die Sehnsucht nach Verbindung zum Ausdruck brachten, sie war aber nicht das, was uns zunächst zueinander zog.“[14]

Die lesbisch orientierte Frau will „sein“; eine Person sein, die Bedeutung hat; die zählt, weil sie der Mühe wert ist, umsorgt und genährt zu werden. Man kann den Schrei des kleinen Säuglings nach seiner Mutter hören, wenn Klientinnen sagen: „Ich will einfach nur gehalten werden“[15] oder: „Ich will nicht alleine sein.“

Die lesbische Beziehung bezieht ihre Antriebskraft aus dem Versuch, etwas „wieder herzustellen“ und in der anderen Frau eigenes Leben und eigene Identität zu finden.

In den Beziehungen wird auch das Bedürfnis des pubertierenden Mädchens nach einer besten Freundin deutlich. Heranwachsende Mädchen kleiden sich oft nicht nur gleich und halten Händchen oder umarmen sich, sondern rufen sich selbstverständlich fünf Mal am Tag an. Frauen in lesbischen Beziehungen verhalten sich sehr ähnlich: Sie ziehen sich gleich an und glauben, dass sich alles um ihre Freundin und die Beziehung dreht. Lesbische Beziehungen werden von dem verborgenen, aber zwanghaften Impuls angetrieben, die fehlenden und zerbrochenen gleichgeschlechtlichen Mädchenfreundschaften irgendwie „wieder herzustellen“, weil sie als wichtiger Baustein für den Aufbau der eigenen Identität in der Pubertät gebraucht worden wären. Immer wieder höre ich von Klientinnen Sätze wie: „Ich will nur, dass man mich mag“ und: „Ich will Spaß mit anderen haben.“

Homosexuell orientierte Klientinnen fühlen sich zu Frauen hingezogen, die beruflich etwas erreicht haben und den Eindruck erwecken, voll im Leben zu stehen. Die Klientinnen wollen dann genauso leben und meinen, sie selbst hätten keine eigene Identität oder Leidenschaft oder Richtung für ihr Leben. Wenn ich Klientinnen bitte, mir zu sagen, wer sie sind, sehen sie mich oft mit großen Augen an und erwidern: „Ich weiß es nicht" oder „Ich hasse es, eine Frau zu sein." Die lesbische Beziehung bezieht ihre Antriebskraft aus dem Versuch, etwas „wieder herzustellen" und in der anderen Frau *eigenes* Leben und *eigene* Identität zu finden.

Die Versuche, auf diese Weise etwas „wieder herstellen" zu wollen, verlaufen aber nicht positiv. Die meisten lesbischen Beziehungen sind brüchig, unberechenbar und sehr unbeständig. Kein einziger Mensch kann eine vollkommene, beständig warmherzige, sichere und liebevolle Freundschaft garantieren. Wenn unser „Leben" und Wohlbefinden von dieser Beziehung abhängen, steht es – milde gesagt – auf sehr unsicherem Grund. Der lesbische Lebensstil ist deshalb ein Teufelskreis:

„Je mehr ich davon abhänge, dass eine andere Frau mir das Gefühl gibt, vollständig, in Ordnung und ‚okay' zu sein, umso wahrscheinlicher ist es, dass ich enttäuscht werde. Diese Enttäuschung und das Scheitern in der Beziehung verstärken aber meine ungestillte Bedürftigkeit. Also versuche ich, mehr zu bekommen und mehr zu fordern. Mein Habenwollen und meine ungestillten Bedürfnisse erdrücken aber die andere oder saugen sie so aus, dass sie gezwungen ist, mich zu verlassen oder sich von mir zu distanzieren. Das ist vernichtend und ich bin nahe daran, emotional zu sterben. Deshalb muss ich mich immer verzweifelter anklammern."

Und so geht es immer weiter. Weibliche Homosexualität ist von tiefer Unsicherheit gekennzeichnet. Und aus dieser Unsicherheit heraus fallen die Frauen in ein pubertäres „jungenhaftes" Verhalten zurück oder nehmen einen harten, selbstgenügsamen, kompetenten und kühlen Beziehungsstil an. Sie geben vor, nichts und niemanden zu brauchen – und verstärken so ihren Kokon der Isolation und inneren Leere. Wir sollten uns aber von dieser falschen „Tapferkeit" nicht täuschen lassen. In ihrer Seele lebt das kleine, zarte Mädchen, das die Mutter braucht, um sich in ihren Armen auszuruhen, das Mädchen, das eine enge Freundin braucht und das sein einzigartiges Selbst entdecken will.

Weibliche Homosexualität ist von tiefer Unsicherheit gekennzeichnet, die oft zu einem harten, selbstgenügsamen, kompetenten und kühlen Beziehungsstil führt.

Weitere Symptome bei weiblicher Homosexualität

Neben den genannten Beziehungs-Symptomen finden sich bei lesbisch orientierten Frauen weitere Charakteristika:

1. Eine Unfähigkeit, sich mit tiefen Gefühlen zu verbinden, sie zu identifizieren und auszudrücken, insbesondere Gefühle, die mit Tränen einhergehen. Das kommt nicht nur aus mangelnder Übung und Erfahrung, die man sozusagen automatisch in beständigen, warmherzigen, von Geben und Nehmen gekennzeichneten Bindungen übt und gewinnt, sondern aus der Selbstablehnung und Verachtung, die die lesbisch orientierte Frau in sich trägt. Es kommt auch aus dem falschen Draufgängertum, der gespielten „Tapferkeit", die entwickelt wurde, um in der inneren und äußeren Isolation zu überleben.

2. Intellektualisierung: Prä-lesbische Mädchen überentwickeln ihren „Intelligenzquotienten" (der oft ohnehin hoch ist), um ihre Unsicherheiten als Person oder als sich entwickelnde Frau und die emotionale und beziehungsmäßige Leere zu kompensieren.

3. Ein kindliches, fragiles, inneres, wahres Selbst bei gleichzeitig äußerem spöttischen, anmaßendem, von Schadenfreude oder Gehässigkeit durchdrungenem, arrogantem, falschen Selbst: Homosexuell empfindende Frauen gehen davon aus, dass sie in ihrem Leben schon genügend Ablehnung und seelische Verletzungen erfahren haben und sind daher wenig bereit, Neues in Beziehungen zu wagen – genau das müssen sie aber tun, wenn sie in ihrer psychosexuellen Entwicklung reifen und heil werden wollen.

4. Mangel an heilsamer Gemeinschaft: Lesbisch empfindende Frauen behalten aus der Kindheit die Überzeugung bei, sie gehörten nicht dazu, sie passten nicht zu „normalen" Frauen. Das verstärkt aber ihr sowieso schon ungestilltes Bedürfnis nach Beziehung. Es verstärkt auch die Abhängigkeit, sobald eine Beziehung oder Verbindung eingegangen wird. Oft ist ihre einzige Gemeinschaft eine Gruppe anderer Frauen, die alle auch mit lesbischen Gefühlen kämpfen. Das Muster emotionaler Abhängigkeit wird dann auf die gesamte Gruppe ausgeweitet und führt zu einem Durcheinander emotionaler Verstrickungen und romantischer Intrigen.

5. Tiefe Angst vor dem Alleinsein. Dies ist eine der Grundängste, die meiner Erfahrung nach oft verantwortlich ist für einen therapeutischen Widerstand. Obwohl z. B. die meisten Klientinnen, mit denen ich zu tun habe, sich einerseits eine Beziehung mit einem zugewandten Mann wünschen, sind sie gleichzeitig von einer tiefen Hoffnungslosigkeit beherrscht. Sie fragen sich: „Warum sollte ich meine ungesunden Beziehungen mit Frauen bearbeiten, wenn das nur dazu führt, dass ich für den Rest meines Lebens alleine bin?" Eine Klientin zog den Schluss: „Abwasser ist immer noch besser als gar kein Wasser."

In der Seele der homosexuell empfindenden Frau lebt das kleine, zarte Mädchen, das die Mutter braucht, das eine Freundin braucht und das sein einzigartiges Selbst entdecken will.

6. Ständige Geschäftigkeit und Aktivismus dienen als Abwehr gegen unerwünschte, schmerzhafte Gefühle und sind gleichzeitig ein Hindernis, neue Beziehungen zu entwickeln.

Ausblick

Weibliche Homosexualität kann definiert werden als:

1. *Beziehungsproblem:* Die Suche nach der Mutter oder einer warmen, starken, geborgenen und sicheren Bindung, nach Freundinnen oder nach Bestätigung und einer auf Gegenseitigkeit beruhenden Beziehung zu einem anderen Mädchen/Frau. Dieses Mangelproblem führt zum:

2. *Identitätsproblem*: Weibliche Homosexualität ist gekennzeichnet durch das Fehlen eines grundlegenden Gefühls für das eigene Sein, das eigene Selbst. Es führt in einen Prozess der Selbstablehnung als weibliches Wesen und zu tödlichem Selbsthass, einem Stillstand in der Identitätsentwicklung und zu einer tiefen Identitätskrise oder Verwirrung bezüglich der eigenen geschlechtlichen Identität.

3. *Geistliches Problem:* In dem Maß, in dem die Frau von Männern seelisch verletzt oder ausgenutzt wurde, kämpft sie mit ihrem Gottesbild, das ihr nirgendwo in der Welt Raum für selbstloses Schenken oder absichtslose Güte lässt.

Um diese Felder geht es in der Beratung oder geschulten Seelsorge und Therapie. Die Arbeit mit homosexuell orientierten Frauen, die Auswege aus der Homosexualität suchen, ist dabei nicht nur herausfordernd, sondern auch überaus lohnend. Letztlich geht es darum, dass eine erwachsene Frau endlich ihr eigenes, einzigartiges Selbst, ihr Leben und ihre Beziehungsfähigkeit entdecken kann.

---

[1] Siehe auch: Lewis, C. S., *The Four Loves*, William Collins, Glasgow 1960, deutsch: *Was man Liebe nennt*, Brunnen Verlag, Basel 1979.

[2] Zur Sprachregelung: Als Substantiv wird der Begriff „Weibliche Homosexualität" verwandt, als Adjektiv wird das Wort „lesbisch" synonym mit „homosexuell" (in Bezug auf Frauen) gebraucht.

[3] Erik H. Erikson bemerkt: „Ein drastischer Verlust der gewohnten Mutterliebe ohne angemessenen Ersatz zu diesem Zeitpunkt kann zu einer akuten infantilen Depression (Spitz, 1945) oder einem unterschwelligen, aber chronischen Trauerzustand führen, der dem ganzen restlichen Leben einen depressiven Unterton verleiht". (Aus dem englischen Original übersetzt.) Aus: Erikson, E. H., *Identity and the Life Cycle*, 1959. Deutsch: *Identität und Lebenszyklus*, Suhrkamp, Frankfurt 1966. Nach meiner Erfahrung sind Depressionen unter lesbisch orientierten Frauen weit verbreitet.

[4] Bindung definiert Brodzinsky als „emotionale Beziehung, die sich nach Wochen und Monaten täglicher Kontakte, Gespräche, Fürsorge und Kuscheln allmählich entwickelt." Aus: Brodzinsky, D. M. et al., *Being Adopted: The Lifelong Search for Self*, Doubleday, New York, NY, 1992.

[5] Wie schon erwähnt, ist dies keine erdrückende oder vereinnahmende Bindung von Seiten der Mutter. Eine solche Bindung hat die gleiche Auswirkung wie eine gestörte Bindung: Das kleine Mädchen ist tragischerweise gezwungen, sich von der Mutter zu trennen, damit es überhaupt „atmen" und etwas von seiner Einzigartigkeit leben kann.

[6] Eriksons Definition des Urvertrauens ist hier insofern relevant, als er dies nicht nur als Haltung gegenüber der Welt oder anderen ansieht, sondern als Haltung sich selbst gegenüber, eine Haltung, die die Entwicklung einer gesunden Identität und Persönlichkeit erst ermöglicht. Aus: Erikson, E. H., *Identity and the Life Cycle*, a.a.O.

[7] Chodorow, N., *The Reproduction of Mothering: Psychoanalysis and the Sociology of Gender*, University of California Press, Berkeley, CA, 1978; Gilligan, C., in: *A Different Voice, Psychological Theory and Women's Development*, Harvard University Press, Cambridge, MA, 1982; Brown, L. M., Gilligan, C., *Meeting at the Crossways: Woman's Psychology and Girls Development*, Random House, New York, NY, Reprint 1993.

[8] Miller, J. B., *Toward a New Psychology of Women*, Beacon Press, Boston, MA, 1976, S. 83.

[9] Damit meine ich nicht das Gefühl des jungen Mädchens für seine Geschlechtsidentität, sondern ein tieferes, grundlegenderes Gefühl für die eigene Person und das eigene Selbst. Dieses Gefühl muss entwickelt sein, bevor ein Mädchen sich eine gesunde weibliche Identität vollständig zu Eigen machen kann. Bei der Therapie lesbisch orientierter Klientinnen wird oft versucht, eine Weiblichkeit der Frauen zu entwickeln, ohne auf diese innere Kern-Leere einzugehen. Die Klientin zeigt uns aber dann, dass wir das Ziel verfehlt haben, indem sie sich gegen alles Mädchenhafte oder Feminine wehrt. Zutreffend, wenn auch abwertend, sagt sie: „Das sind alles unwichtige Sachen." Intuitiv weiß sie, dass zuerst etwas anderes in ihr entwickelt werden muss, bevor sie ihre Identität als Frau annehmen kann.

[10] James, Caterina, „Product of Abandonment", in: *Where Grace Abounds*, Newsletter, März 1993, www.wheregraceabounds.org.

[11] Der Begriff der „defensiven Abkopplung" („defensive detachment") wurde von Elisabeth Moberly geprägt. Moberly, E. R., *Homosexuality – A New Christian Ethic*, James Clarke, Cambridge 1983.

[12] Lori Rentzel schreibt: „Emotionale Abhängigkeit besteht dann, wenn man überzeugt ist, für die eigene Sicherheit der ständigen Gegenwart und Fürsorge eines anderen Menschen zu bedürfen." Aus: Rentzel, L., *Emotional Dependency*, InterVarsity Press, Downers Grove, IL, 1984; Deutsch: *Gefühlsmäßige Abhängigkeit*, Brunnen Verlag, Gießen 1990 (vergriffen).

[13] Dies wird auch aus der Literatur der Lesbenbewegung deutlich. So schreibt in einem der bekanntesten Bücher, das innerhalb der Kirche für die Anerkennung lesbischer Lebensweisen kämpft, eine Frau über ihre homosexuelle Beziehung: „Ich versuche sehr stark festzuhalten, zu klammern, und habe immense Schwierigkeiten mit dem Loslassen, der Distanz in einer Beziehung oder Freundschaft. Ich denke, dass ich in den Beziehungen noch immer die Mutter suche ..." Aus: Barz, M. et al., *Lesbische Frauen in der Kirche*, Stuttgart 1993, S. 63. Anm. d. Hrsg.

[14] Kelley in: „Living Hope Letter", eine Veröffentlichung von „Living Hope Ministries", vol. 6, no. 8, August 2002. Erhältlich durch Living Hope, P.O. Box 2239, Arlington, TX 76004, USA, www.livehope.org.

[15] Hope Edelman zitiert in „Motherless Daughters" viele ihrer lesbischen Klientinnen, die zugeben, dass ihnen bewusst ist, dass sie in ihren Beziehungen ihre verlorene Mutter suchen. Eine Frau z. B. sagt darin, dass sie sich schon immer von Frauen angezogen gefühlt

habe, dass sie aber Treffen mit ihnen vermieden habe. Es sei ihr „mehr als klar gewesen, dass sie dabei eine Wiederverschmelzung mit ihrer Mutter suche". „„Wenn ich mit einer Frau zusammen bin, kommt es immer zu einer Übertragung', erklärt sie. ‚Manchmal möchte ich sagen: ‚Oh, es tut mir Leid. Ich dachte nur gerade, du wärest meine Mutter. Ich hoffe, es macht dir nichts aus. ... Wir sind wie zwei verlorene Menschen, die einander festhalten.'" Aus: Edelman, H., *Motherless Daughters*, Dell Publishing, New York, NY, 1974, S. 169.

Weibliche Homosexualität – Diagnostik und Therapieansatz

Janelle Hallman-Burleson, M.A., L.P.C.

Die Entstehung weiblicher Homosexualität ist nicht nur vielschichtig, sondern kann auch sehr unterschiedliche Ausdrucksformen annehmen:

• Einige Frauen kämpfen mit homoerotischer Anziehung und emotionaler Abhängigkeit, ohne diese Beziehungen gänzlich sexuell auszuleben;

• andere sexualisieren ihre Frauenbeziehungen, bezeichnen das aber nicht als „Lesbianismus";

• einige haben anhaltende homosexuelle Fantasien, sind jedoch nicht in der Lage, irgendeine Beziehung oder Verbindung zu einer Frau aufzunehmen;

• andere verstricken sich tief in emotional abhängige und gleichzeitig sexuelle Beziehungen zu Frauen und identifizieren sich auch mit der politischen Lesbenbewegung;

• einige leben gleichgeschlechtlichen Sex aus und vermeiden jede tiefe emotionale Verbindung;

• andere haben – bedingt durch das, was unsere Gesellschaft und Kultur ihnen rät – homosexuelles Verhalten regelrecht „erlernt".

So wie es Frauen mit unterschiedlichen Temperamenten und verschiedene Persönlichkeitstypen gibt, sieht auch die weibliche Homosexualität je nach Grad und Intensität bei jeder betroffenen Frau ganz unterschiedlich aus. Die Klientinnen, die ich sehe, haben vielfältige Störungen (Axis-I, Axis-II Störungen) wie z. B. Depressionen, bipolare Störungen, Angststörungen, Medikamenten- und Alkoholabhängigkeiten.

Als Therapeutin möchte ich die ganze Frau in den Blick bekommen, nicht nur ihre Homosexualität. Sie ist weit mehr als das Problem, mit dem sie ringt.

Außerdem haben sie ganz einzigartige persönliche Lebensgeschichten. In der Begleitung lesbisch orientierter Frauen möchte ich zuallererst dieser ganz einmaligen Person begegnen und mit ihr in Beziehung treten. Homosexuell orientierte

Frauen sind oft sehr intelligent und können intuitiv sagen, ob man sie als ganze Person „wirklich sieht" oder nur versucht, sie in eine Theorie oder Schublade zu stecken. Ich möchte die ganze Frau in den Blick bekommen, nicht nur ihre Homosexualität, und ihr vermitteln, dass sie weit mehr ist als das Problem, mit dem sie ringt. Sie soll wissen, dass sie als *Person* wichtig ist und ich nicht mit ihr arbeite, weil ich denke, ihre sexuelle Orientierung müsse irgendwie „in Ordnung gebracht" oder „repariert" werden.

Viele Klientinnen, die zu mir kommen, sind sich nicht sicher, ob sie das homosexuelle Problem wirklich in der Tiefe angehen wollen. Die emotionale Seite des lesbischen Konfliktes scheint bis in das Zentrum ihres ganzen Seins zu reichen. Oft ist es ein langer Prozess, bis eine Frau diesen Konflikt überhaupt einmal benennen kann – geschweige denn, sich in irgendeiner Form davon distanzieren kann.

Vor über sechs Jahren entschloss ich mich, mir und den Klientinnen gegenüber folgende Verpflichtung einzugehen: Ich arbeite mit ihnen unabhängig davon, ob sie sich entscheiden, den homosexuellen Konflikt ganz anzugehen oder nicht. Ich sage ihnen, dass ich bezüglich ihres sexuellen Problems keine Forderungen oder Erwartungen stelle, die in irgendeiner Weise unserer gemeinsamen therapeutischen Arbeit Bedingungen auferlegen oder diese gemeinsame Arbeit behindern könnten. Ich begleite sie also unabhängig davon, welchen Weg sie letztlich einschlagen und bin bereit, mit ihnen einen langen Weg durchzuhalten. Der „lange Weg", das sind bei wöchentlichen oder vierzehntägigen Therapiesitzungen im Durchschnitt vier bis fünf Jahre.

> *Ich arbeite mit meinen Klientinnen unabhängig davon, ob sie sich entscheiden, den homosexuellen Konflikt ganz anzugehen oder nicht.*

Unterschiedliche Lebensprofile

Auch in Bezug auf den Zeitpunkt des ersten Wahrnehmens und Auftretens homoerotischer oder homosexueller Gefühle gibt es individuell sehr unterschiedliche Lebensprofile. Mit aller Vorsicht vor zu großer Schematisierung nehme ich skizzenhaft und stichwortartig eine Einteilung in drei Hauptgruppen vor:

1. Beginn in der späten Kindheit

Ursachen sind frühe emotionale Mängel und Geschlechtsidentitätsverwirrung.[1] Das Mädchen verliebt sich im Alter von 10 bis 15 Jahren in eine Lehrerin oder in ein beliebtes Mädchen, später wird sie mit der besten Freundin sexuell intim. Vor allem der Wunsch, ein Gefühl für das eigene weibliche Selbst zu bekommen, ist der innere Antrieb für die homosexuellen Gefühle. Dieser innere Antrieb versperrt den Weg zu einer heterosexuellen Entwicklung.

2. Beginn in der Adoleszenz

Zu einigen frühen emotionalen Mängeln, manchmal ohne Geschlechtsidentitätsverwirrung, kommt zusätzlich: Vergewaltigung als Teenager, keinen Respekt von Männern erhalten, keine Freundinnen. Das junge Mädchen distanziert sich sehr stark von Männern. Der innere Antrieb für die homosexuellen Gefühle ist vor allem die Suche nach Sicherheit bei Frauen. Das seelische Trauma und daraus folgende Hoffnungslosigkeit versperren den Weg in die Heterosexualität.

3. Beginn im Erwachsenenalter

Ursachen sind frühe emotionale Mängel mit oder ohne Geschlechtsidentitätsverwirrung. Oft hat die Frau eine späte Pubertätsentwicklung hinter sich, kann zu Männern Beziehungen aufbauen, hat geheiratet, hat Kinder. Eine emotional oberflächliche oder missbräuchliche Ehe führt zu wachsender Einsamkeit und bringt die emotionalen Mängel aus der Kindheit an die Oberfläche. Oder die Ehe ist überfordert durch die emotionale Abhängigkeitsstruktur der Frau[2], was wiederum die Einsamkeit und Gefühle des Alleingelassenseins vergrößern. Zu ihrer eigenen Überraschung findet sich die Frau dann in den Armen einer Frau wieder. Oft versperrt dann eine bewusste Wahl den Weg in eine reifere Heterosexualität.

Entwicklungsaspekte bei weiblicher Homosexualität

Um die besonderen Entwicklungsaspekte, um die es bei weiblicher Homosexualität geht, zu beleuchten, möchte ich die Forschungsergebnisse einer bisher unveröffentlichten Doktorarbeit von Sheryl Brickner

Camallieri vorstellen. Anhand des MPD (Measures of Psychosocial Development), einem auf Erik H. Eriksons Modell der psychosozialen Entwicklung beruhenden Entwicklungstest, hat Camallieri die entwicklungsbedingten Unterschiede zwischen einer Gruppe (54 Frauen) heterosexuell orientierter und einer Gruppe (ebenfalls 54 Frauen) homosexuell orientierter Frauen untersucht. In dem Test wird die Entwicklung anhand der von Erikson eingeführten acht Entwicklungsstufen ausgewertet.

Die Frage der Ursache, ob weibliche Homosexualität nun individuell entwicklungsbedingt oder auf das soziale und politische Umfeld zurückzuführen sei, hat Camallieri bei ihrer Untersuchung nicht miteinbezogen.

Sie kommt zu dem Schluss: „Bei sechs der neunzehn analysierten Entwicklungsstufen gibt es signifikante Unterschiede bezüglich der Ergebnisse der beiden Gruppen." Die heterosexuell orientierten Frauen erzielten bei den positiven Lösungsstufen „Vertrauen", „Intimität" und „Generativität" (Tabelle 1, schwarz unterlegt) wesentlich höhere Punktzahlen. Die homosexuell orientierten Frauen dagegen hatten eine signifikant höhere Punktzahl bei der negativen Lösung „Identitätsdiffusion/Identitätsverwirrung" und „Selbstabsorption/Stagnation" sowie bei der Summe der negativen Lösungen insgesamt (Tabelle 1, grau unterlegt).

Die acht Stufen der psychosozialen Entwicklung nach Erik H. Erikson

In meiner Praxis führe ich seitdem diesen Test selbst durch, mittlerweile mit über 25 lesbisch orientierten Klientinnen und habe dabei eine außerordentlich hohe Punktzahl in den Bereichen „Identitätsdiffusion", „Selbstabsorption/ Stagnation" und „Misstrauen" festgestellt bei gleichzeitig niedrigen Werten im Bereich „Vertrauen". Außerdem ergab sich ein weiteres Muster: Im Vergleich zu den anderen Lösungsstufen hat die homosexuell empfindende Frau eine hohe Punktzahl bei der positiven Lösungsstufe „Initiative" oder/und bei „Werksinn/Leistung" (grau unterlegt).

Betrachtet man die Ergebnisse des MPD-Tests anhand allgemein empfohlener Interpretationsmethoden, lässt sich folgern, dass es sich hier um Frauen handelt, die sich sehr unsicher und gefährdet in ihrer Welt fühlen, sich anderer Menschen nicht sicher sind und bezweifeln, dass irgendetwas Gutes von Dauer sein kann. Sie setzen Leistung, Kompetenz und bestimmtes Auftreten kompensatorisch ein – wahrscheinlich, um sich ein Gefühl von Kontrolle, Wert und Sinn zu verschaffen. Sie sind sich weder ihres eigenen Wertes bewusst noch haben sie eine klare Identität und sind daher kaum fähig oder motiviert, selbstlos anderen etwas zu geben. Auf der emotionalen Ebene verharren sie in einem depressiven Zustand der Selbstabsorption.

Vertrauen	VS.	Misstrauen
Autonomie	VS.	Scham und Zweifel
Initiative	VS.	Schuldgefühl
Werksinn/Leistung	VS.	Minderwertigkeitsgefühl
Identität	VS.	Identitätsdiffusion/Identitätsverwirrung
Intimität	VS.	Isolierung
Generativität	VS.	Selbstabsorption/Stagnation
Ich-Integrität	VS.	Verzweiflung/Lebensekel
Gesamt: Positive Lösung	VS.	Gesamt: Negative Lösung

Tabelle 1

Diese im Test festgestellten Entwicklungsdefizite und die entsprechenden Kompensationsversuche (auf der rechten Seite von Tabelle 2 – s. S. 38 – dargestellt) korrespondieren fast völlig mit den (schon auf S. 16f.) vorgestellten vier Ursachenfaktoren, d. h. mit den immer wiederkehrenden Lebensthemen homosexuell empfindender Frauen (auf der linken Seite von Tabelle 2). Eine Therapie muss genau diese Entwicklungsprobleme berücksichtigen. Sie sollte bei der ersten Entwicklungsstufe „Vertrauen" (Ur-Vertrauen) ansetzen und die weiteren Entwicklungsthemen Schritt für Schritt angehen und besondere Aufmerksamkeit auf die Fragen der Identitätsbildung legen. Sie wird abgeschlossen sein, wenn die Klientin in der Lage ist, frei zu geben, zu lieben und sich – ohne eigene Nöte auf andere zu projizieren und aus dieser Motivation heraus zu handeln – selbstlos für andere einzusetzen.

Grundfaktoren in der Entwicklung weiblicher Homosexualität	Entwicklungsdefizite/ Kompensationsversuche
Gespannte, distanzierte oder gestörte Bindung an die Mutter ohne verfügbaren Mutterersatz ⇨ führt zu einem ungestillten Bedürfnis nach sicherer Bindung	Misstrauen
Fehlender Respekt von und/oder fehlender Schutz von Männern, oft in Form sexuellen Missbrauchs oder rigide Geschlechtsrollenerwartung ⇨ führt zu Angst/Hass vor Männern	Initiative/Werksinn – Annahme einer harten oder vermännlichten Haltung gegenüber dem Leben und zum Überleben
Wenige bis gar keine engen Mädchenfreundschaften ⇨ führt zu dem ungestillten Bedürfnis nach Zugehörigkeit und Spaß	Identitätsdiffusion / Identitätsverwirrung (verfestigt sich in Pubertät und Adoleszenz)
Gefühl der inneren Leere und Verlorenheit anstelle eines tiefen und reichen Wissens um das eigene Selbst und die eigene weibliche Identität ⇨ führt zu dem ungestillten Bedürfnis nach einem Gefühl für die eigene Geschlechtsidentität und das eigene Selbst	Selbstabsorption, Stagnation

Tabelle 2

Unterschiede zwischen Weiblichkeit und Männlichkeit

Um wichtige Feinheiten im weiblichen Homosexualitätskonflikt verstehen zu können, möchte ich modellhaft einige wesentliche Unterschiede zwischen der weiblichen und der männlichen Entwicklung, zwischen Weiblichkeit und Männlichkeit, aufzeigen. Wenn wir verletzten Frauen, vor allem solchen, die im Bereich ihrer Geschlechtsidentität verletzt sind, beistehen wollen, sind solche Grund-Modelle hilfreich.

Bindung und Identitätsentwicklung

Jungen und Mädchen folgen unterschiedlichen Entwicklungsprozessen, was Bindung und Identitätsentwicklung betrifft. Bei der Geburt müssen sich zunächst beide mit der Mutter verbinden. Der Junge muss sich dann allmählich von der Mutter trennen, um sich mit dem Vater zu verbinden und sich mit ihm zu identifizieren. Drei Verben sind deshalb für die frühe Entwicklung des Jungen wichtig: *sich bewegen* (von der Mutter weg, zum Vater hin), *etwas anstreben* (sich anstrengen) und *initiieren*. Wenn dieser Entwicklungsschritt hin zur Identifikation mit dem Vater nicht gelingt, kann es zu einer homosexuellen Entwicklung beim Jungen kommen.

Wenn das Mädchen bezüglich seiner primären Bindung an die Mutter eine Verringerung dieser Bindung oder einen Bruch der Bindung erlebt, entsteht in ihm eine tiefe Heimatlosigkeit.

Das Mädchen dagegen wächst durch die beständige Erfahrung von Verbundenheit. „Ihre" Verben in dieser Entwicklungsphase sind: *bleiben* und *ruhen*. Im übertragenen Sinn ruht das Mädchen sicher und geborgen zuhause, bei der Mutter, um dann die Zuwendung des Vaters, der sich ihm behutsam nähert und Liebe, Bestätigung und Schutz anbietet, zu empfangen. Die Grafik zeigt die Bewegung vom Jungen zum Vater und vom Vater zur Tochter, während Mutter und Tochter „bleiben" und „ruhen".

Eine Entwicklung zur weiblichen Homosexualität wird möglich, wenn diese notwendige, kontinuierliche Bindung an die Mutter fehlt, wenn sie ungenügend oder unerwünscht ist. Noch wahrscheinlicher wird

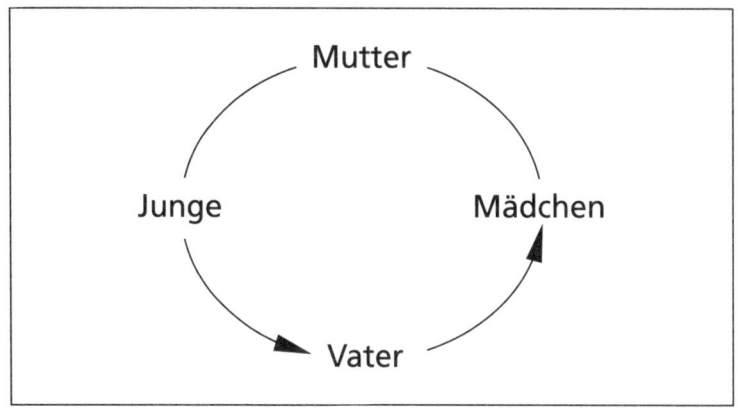

eine solche Entwicklung, wenn der Vater sich dem Mädchen nicht nähert oder aber es emotional, sexuell oder in anderer Form missbraucht oder es bewusst oder unbewusst zu einer „Vermännlichung" anhält. Wenn das Mädchen bezüglich seiner primären Bindung an die Mutter eine Verringerung dieser Bindung oder einen Bruch der Bindung erlebt, entsteht in ihm eine tiefe Heimatlosigkeit und Ungeborgenheit, wie sie der homosexuell empfindende Junge nicht erlebt. Der weibliche Homosexualitätskonflikt ist deshalb „primärer" und möglicherweise emotional und psychisch noch tief gehender als der bei männlicher Homosexualität. Für die Entwicklung des Mädchens gibt es vielleicht kein größeres seelisches Trauma als das, das mit der ersten Beziehung zur Mutter zu tun hat.

Das prä-lesbische Mädchen fängt sehr früh an, den männlichen Entwicklungsweg zu gehen: es agiert, strengt sich an, strebt hinweg und initiiert.

Die Störung in der Beziehung zwischen Mutter und Kind bewirkt nicht nur eine tiefe Verunsicherung im Mädchen. Das Mädchen wird jetzt auch anfangen, sich aktiv von der Mutter weg zu bewegen und danach streben, endlich die Bindung zu finden, für die es geschaffen ist und die es unbedingt braucht. Es fängt also an, den männlichen Entwicklungsweg zu gehen: es agiert, strengt sich an, strebt hinweg und initiiert.

Vertrauen in andere und in das eigene Selbst konnten aber noch nicht entwickelt werden. Das aber ist die Voraussetzung, um überhaupt tiefere Beziehungen eingehen zu können (siehe das beim MPD-Test gemessene hohe Misstrauen). Stattdessen trägt das Mädchen ein tiefes Gefühl des Alleingelassenseins und der ungestillten Bedürfnisse in sich, die es immer weiter agieren und initiieren lassen, um seine Not irgendwie zu beheben. (Das ist der Grund für die hohe Punktzahl im MPD-Test in den Bereichen Initiative und Werksinn/Leistung). Vereinfacht gesagt, stört dieses emotionale Sichanstrengen, Sich-weg-bewegen das gesunde seelische Wachstum und die Entwicklung als weibliches Wesen und führt zur Identitätsdiffusion und Identitätsverwirrung.

Erik H. Eriksons Forschung über
Spielkonstruktionen in der Kindheit

In den 1940er-Jahren erforschte Erik H. Erikson Spielkonstruktionen bei zahlreichen etwa 11-jährigen Kindern. In seiner Studie ging es ihm nicht um geschlechtsspezifische Unterschiede. Umso mehr war er beeindruckt, dass die Jungen und Mädchen mit ihren Bauklötzen jeweils sehr unterschiedliche Raumkonstruktionen bauten.

Die Jungen bauten wie unten abgebildet: Autos fahren zwischen den Gebäuden, Menschen stehen oben drauf. Offensichtlich beschäftigen sich Jungen mit der Außenwelt, der Natur, mit Objekten und Dingen.

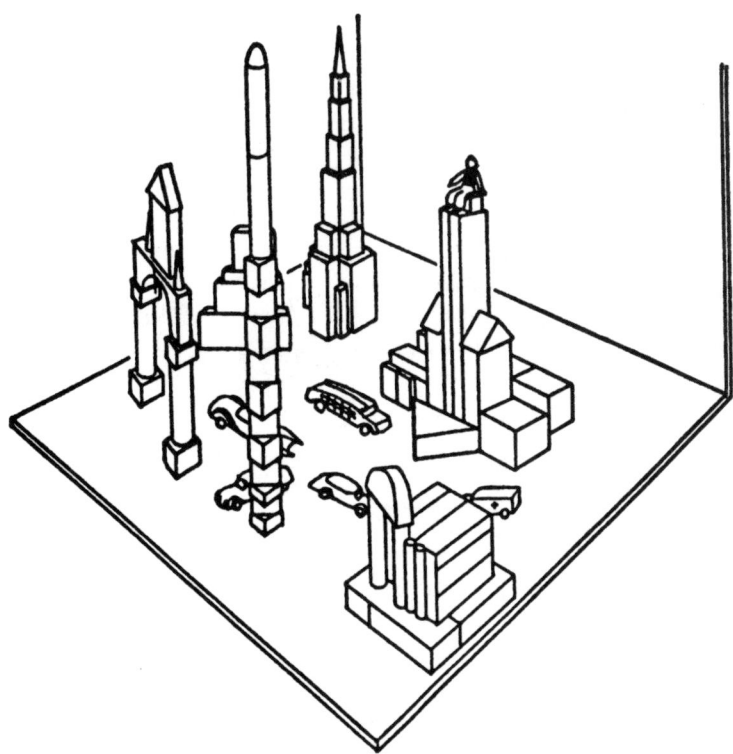

Spielkonstruktionen der Jungen[3]

Was die Mädchen bauten, sah wie die darunter stehende Zeichnung aus: Menschen sitzen nah beieinander und blicken in den Raum hinein. Mädchen scheinen sich mehr mit der Innenwelt menschlicher Beziehungen, mit den Themen Kommunikation und Verbindung zu beschäftigen.

Erikson selbst war verblüfft über die Ergebnisse und kam zu dem Schluss, „dass Erleben im Grundplan des Körpers verankert ist" und dass „die Modalitäten dieser Aufbauten", „die jedem Geschlecht gemeinsam sind, irgendetwas von dem Gefühl, männlich oder weiblich zu sein, zum Ausdruck bringen."[4]

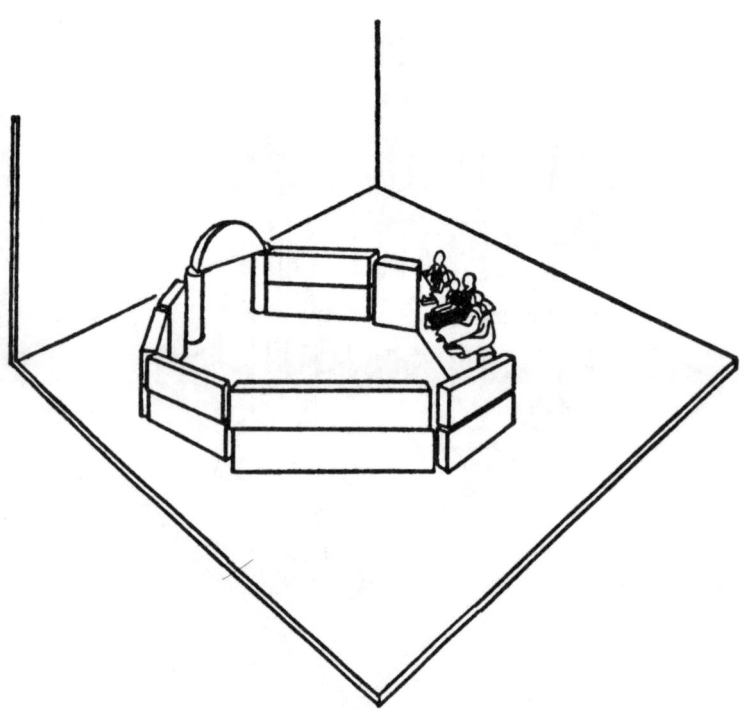

Spielkonstruktionen der Mädchen[5]

Weiblichkeit und die innere Welt der Verbundenheit

Eine andere Möglichkeit, Unterschiede zwischen Weiblichkeit und Männlichkeit darzustellen, sind die unten gezeichneten komplementär ausgerichteten Kreise. Ich bin überzeugt, dass Weiblichkeit und Männlichkeit nicht einfach soziale Konstruktionen oder das Ergebnis von Lernprozessen sind, sondern grundlegende, innewohnende Aspekte unseres Menschseins.

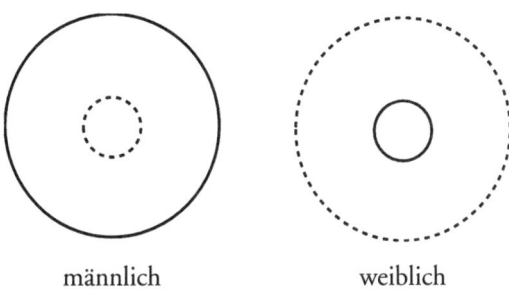

männlich   weiblich

Vielleicht kann man sagen, dass Männlichkeit eine größere äußere Bewegungskraft hat, Initiative und den Mut, sich der äußeren Welt zu stellen und mit ihr umzugehen (symbolisiert durch den äußeren, festen Kreis) und gleichzeitig auch einen inneren Kern von Zärtlichkeit und der Fähigkeit, mitzufühlen (symbolisiert durch den inneren, durchbrochenen Kreis). Diese äußere Antriebskraft, Bewegungskraft und Zuversicht zu entdecken und zu entwickeln ist eine der charakteristischen Schwierigkeiten, mit denen homosexuell orientierte Männer kämpfen.

Und vielleicht kann man sagen, dass Weiblichkeit nach außen hin einladend, in sich ruhend und empfangend ist (symbolisiert durch den äußeren, durchbrochenen Kreis). Gleichzeitig gehört zu ihr ein innerer Kern der Stabilität, der Seins-Stärke und des Mutes (symbolisiert durch den inneren, festen Kreis): Mut, sich den Vielschichtigkeiten anderer menschlicher Seelen auszusetzen und Kraft, beständig Intimität zu leben.

Echte Weiblichkeit ist nicht schwach, sondern voller Stärke, Mut und Kraft zum Leben, zum Da-Sein. Sie ist sowohl mit dem eigenen Inneren, den eigenen Gefühlen und Gedanken als auch mit anderen

Weiblichkeit und Männlichkeit sind nicht einfach soziale Konstruktionen oder das Ergebnis von Lernprozessen, sondern grundlegende, innewohnende Aspekte unseres Menschseins.

Menschen, auch in schwersten und tragischsten Zeiten, verbunden. Echte Weiblichkeit kann Einsamkeit überstehen und bestehen.

Lesbisch orientierten Frauen fehlen entweder beide Aspekte des Weiblichen (nach außen ruhend und empfangend, nach innen klar und stabil) oder sie haben große Schwierigkeiten, sie zu entdecken und anzunehmen. Nach außen wirken sie oft hart und abwehrend, nach innen fühlen sie sich leer und verzweifelt. Ihre äußere Härte wehrt ihre innere Bedürftigkeit ab. Und es ist diese innere Bedürftigkeit, die sich so häufig in abhängigen Beziehungen ausdrückt, und die die Tiefe der Verletzung ihrer Weiblichkeit zeigt. Homosexuell empfindende Frauen, die sich ihren Konflikten nicht stellen, können deshalb nicht aus der Stärke echter Weiblichkeit heraus leben.

Mütter lesbisch orientierter Töchter

Es gibt „typische" Merkmale von Müttern lesbisch empfindender Töchter. Nach den Aussagen der Frauen, mit denen ich arbeite, hatten ihre Mütter – unabhängig davon, wie sie nach außen wirkten – meist kein wirklich stabiles Selbst, Charakterstärke oder Integrität. Klientinnen, die zu mir kommen, haben ihre Mütter oft so beschrieben:

- Sie war zwar eine pflichtbewusste Ehefrau, aber innerlich leer.
- Sie hasste es, eine Frau zu sein, weinte nie und verachtete ihre Tochter.
- Sie war nicht in der Lage, sich von ihrem missbräuchlichen Ehemann zu trennen.
- Sie war gesellig, aber nicht fähig, tiefere Beziehungen aufzubauen oder war Alkoholikerin und ließ ihre kleine Tochter allein und unbeaufsichtigt zuhause.
- Sie war unfähig, einen Haushalt zu führen oder angemessen für einen Säugling und ein kleines Kind zu sorgen.
- Wenn der Vater ausfallend wurde oder tobte, versteckte sie sich im Bett.
- Sie war psychisch krank und erwartete von ihrer Tochter, dass sie ihr die Selbstmordabsichten ausrede.

- Sie gab beständig mit sich und ihren Kindern an und leugnete dabei alle negativen Gefühle oder Erlebnisse der Tochter.
- Sie war eifersüchtig auf die Tochter und zeigte das auch.

Diese Charakterskizzen beschreiben Frauen, die keine innere Seinskraft und Stärke haben. Sie zeigen Frauen, die unsicher und abhängig sind, Angst vor dem Alleinsein haben, schwach, verloren, verletzt und in ihrer eigenen Weiblichkeit wenig entwickelt sind. Es ist leicht verständlich, warum eine Tochter mit scharfem Intellekt, starkem Gerechtigkeitssinn und Integritätsgefühl, viel Energie und tiefen Leidenschaften zu dem Schluss kommen muss: „Wenn Frausein heißt, werden wie die Mutter, möchte ich damit nichts zu tun haben." Doch indem sie sich nun von der Mutter und der Weiblichkeit, wie sie sie bei der Mutter sieht, abkoppelt und flüchtet, beginnt auch sie, in einer inneren Verlassenheit und Trostlosigkeit und im ungelösten Konflikt mit ihrer eigenen Weiblichkeit zu leben. Sie hat niemals ein Zuhause gehabt, in dem sie sich hätte entwickeln und „werden" können: „Ich weiß nicht, wer ich bin." „Ich hasse es, eine Frau zu sein." „Ich weiß nicht, was ich fühle." Viele Klientinnen empfinden und glauben, keine wirkliche Frau zu sein. Es ist ein Zeichen für ihre Entfremdung von ihrem weiblichen Urbild.

> Nur aus einem inneren Zuhause heraus kann das Mädchen die eigene Weiblichkeit wirklich leben.

Noch einmal: Emotionale Abhängigkeit

Wenn ein Mädchen sich gesund entwickeln soll, muss es zunächst in dem geborgenen und sicheren Zuhause, das die Mutter bietet, ruhen und da-bleiben, damit es ein inneres Zuhause in sich selbst bilden und entwickeln kann. Nur aus diesem Zuhause heraus kann es leben, seine Stärke und Kraft ausdrücken, schöpferisch tätig sein, Beziehungen eingehen, sich verbinden, Fürsorge geben, ernähren, Leben hervorbringen usw. Ohne dieses innere Gefühl, bei sich zuhause zu sein, und ohne ein Wissen um das eigene Selbst und eine eigene stabile, weibliche Identität wird die Frau nicht wirklich zu Intimität fähig sein. Sie wird vielmehr zutiefst überzeugt sein, nicht allein sein zu können, und unbewusst versuchen, ihr Zuhause oder ihr wahres Selbst außerhalb von sich selbst zu suchen. Genau hier liegt die Antriebskraft für die emotional abhängige Beziehung, die als das Charakteristikum lesbischer Beziehungen angesehen werden muss. Emotionale Abhängigkeit ist dabei nicht „besondere Liebe", sondern Ausdruck einer tiefen Angst vor dem Alleinsein und die Unfähigkeit, die zur Intimität notwendige Balance von Nähe und Distanz zu halten.

Eine Frau muss sich nicht selbst verlieren (weder in eine andere Frau, noch in einen Mann!), sie muss vielmehr ihr wahres Selbst in sich finden.

Solange die Frau in der emotionalen Abhängigkeit bleibt, kann es zu keiner tief gehenden Veränderung oder Heilung ihrer lesbischen Gefühle kommen. Eine Frau muss sich nicht selbst verlieren (weder in eine andere Frau, noch in einen Mann!), sie muss vielmehr ihr wahres Selbst in sich finden. Dieses wahre Selbst in sich zu finden, ist das wichtigste Ziel in der Begleitung homosexuell orientierter Frauen.

Persönlichkeitsstörungen

Dieses fehlende Kern-Selbst, das fehlende „Zuhause" und die damit verbundene, so früh begonnene Rastlosigkeit, sind wohl die Ursachen für die Mängel, Probleme und ungelösten Konflikte im Leben lesbisch empfindender Frauen, die psychologisch als Persönlichkeitsstörungen einzuordnen sind. Alle lesbisch orientierten Frauen, die ich in meiner Praxis mithilfe des MCMI-Tests[6] getestet habe, hatten bestimmte Persönlichkeitsstörungen. Am häufigsten begegne ich depressiven und/oder Abhängigkeits-Störungen und damit verbundenen Störungen wie Selbstablehnung, Vermeidungs- und Borderline-Störungen. Depressiv, d. h. leer, niedergeschlagen, pessimistisch, sich wertlos fühlend und voller Selbstverachtung und Verachtung für andere; abhängig, d. h. bedürftig bis zur Verzweiflung und gleichzeitig voller Angst vor Zurückweisung; selbstablehnend, d. h. negativ, voller Selbstmitleid und anderen gegenüber feindselig; vermeidend, d. h. abwehrend und sich isolierend. Dies ist eine akkurate Beschreibung von Charakteristiken bei homosexuell orientierten Frauen.

Therapie

Die Arbeit mit lesbisch orientierten Frauen erfordert ein langfristiges Engagement. Sie ist anstrengend, aber gleichzeitig lohnend, wenn die Klientin motiviert ist und Veränderung in ihrer Beziehungsfähigkeit sucht. In der Therapie ist der individuelle Persönlichkeitstyp zu berücksichtigen und entsprechend darauf einzugehen. Allgemein kann gesagt werden, dass homosexuell empfindende Frauen tiefe ungelöste Konflikte haben.

Weibliche Homosexualität wird von einer verzerrten, negativen und selbstablehnenden Vorstellungswelt genährt. Diese Vorstellungswelt muss erneuert werden.

Das erste Ziel der Therapie ist es, Vertrauen aufzubauen. Viele Klientinnen erfahren dabei vielleicht zum ersten Mal in ihrem Leben Vertrauen. Erst dann kann die Klientin die tiefe innere Entwicklungsarbeit leisten, oder, wie Elaine Siegel es beschreibt „stabilere innere Strukturen aufbauen"[7]. Die Frau muss sich bei sich zu Hause fühlen. Sie muss ihre *ganze* Identität und Menschlichkeit, ihre Stärken und Schwächen, ihre Begabungen und Fehler, Träume, Hoffnungen und Vorstellungen ebenso wie ihre Enttäuschungen und Verluste realistisch und vollständig annehmen. Das bedeutet auch eine intensive Arbeit an der Vorstellungswelt, in der sie lebt, an den Vorstellungen von der Welt und von Gott, von sich selbst und von anderen. Diese Vorstellungswelt muss erkannt, benannt, infrage gestellt und neu gestaltet werden. Weibliche Homosexualität wird von einem komplexen System einer verzerrten, negativen und selbstablehnenden Vorstellungswelt genährt. Diese Vorstellungswelt muss erneuert werden. Defensives und abwehrendes Manövrieren und ungesunde Bindungen an andere Frauen müssen angesprochen und bearbeitet werden.

Gleichzeitig geht es um die Herausforderung, neue und hilfreichere Beziehungen zu wagen. Und schließlich muss sie an ihrer Verachtung und Ambivalenz gegenüber dem anderen Geschlecht arbeiten. Sie muss ihre eigene Weise, als Frau Beziehungen zu anderen aufzubauen, finden und bejahen.

Da es zur Veränderung lesbischer Gefühle unbedingt erforderlich ist, dass die betreffende Frau ein Zuhause bei sich findet, ist die Qualität der Bindung zwischen Therapeutin und Klientin, die therapeutische *Beziehung,* vielleicht die wichtigste Komponente in der Begleitung. Es gibt viele Techniken, um an tiefe unbewusste Konflikte

Die Beständigkeit, Treue, Fürsorge und liebevolle Zuwendung der Beraterin ermöglicht es, dass Vertrauen, ein inneres Zentrum und ein Gefühl für das eigene Selbst entwickelt werden können.

heranzukommen und um kognitive Wahrheiten und Prinzipien gesünderer Lebensführung und besserer Beziehungen zu vermitteln. Letztlich aber ist es die Beständigkeit, Treue, Fürsorge und liebevolle Zuwendung der Beraterin, die es ermöglicht, dass ein stabiler Kern von Vertrauen, ein inneres Zentrum und ein Gefühl für das eigene Selbst entwickelt werden können. Wenn die Therapeutin Annahme, Bestätigung und Zuwendung zeigt, kann die Klientin anfangen, sich zu entfalten und zu entwickeln. Wenn die Therapeutin ein echtes Zuhause anbietet, kann die Klientin ruhen und „werden".

---

[1] Hallman verwendet den Begriff „gender identity confusion". Anm. d. Hrsg.

[2] Siehe dazu auch Kestenberg, J. S., „Zur weiblichen Homosexualität" in: *Stumme Liebe*, Hrsg. Eva Maria Alves, Kore Verlag, Freiburg 1993. Anm. d. Hrsg.

[3] Erikson, E.H., *Kindheit und Gesellschaft*, a.a.O., S. 96.

[4] Erik H. Erikson ließ im Verlauf von eineinhalb Jahren 150 Kinder zusammen etwa 450 Szenen aufbauen. Alle Kinder sollten „eine aufregende Szene aus einem ausgedachten Film" aufbauen. Erikson war verblüfft über die gemeinsamen geschlechtsspezifischen Elemente in den Gestaltungen der Jungen und Mädchen. Er zog aus den Beobachtungen den Schluss, „dass Erleben im Grundplan des Körpers verankert ist", „dass irgendein Gefühl des eigenen körperlichen Selbst die räumlichen Modalitäten dieser Aufbauten beeinflusst" und „dass die Modalitäten, die jedem Geschlecht gemeinsam sind, irgendetwas von dem Gefühl, männlich oder weiblich zu sein, zum Ausdruck bringen." Erikson, E. H., *Kindheit und Gesellschaft*, Klett, Stuttgart 1968, S. 92–103. Anm. d. Hrsg.

[5] Erikson, E.H., *Kindheit und Gesellschaft*, a.a.O., S. 99.

[6] Millon Clinical Multiaxial Inventory (-III TM) Test, entwickelt von Th. und C. Millon und R. Davic. Der Test kann helfen, Persönlichkeitsstörungen nach DSM-IV festzustellen und klinische Symptome einzuschätzen und ist insbesondere hilfreich bei Axis-I und Axis-II Störungen. Anm. d. Hrsg.

[7] Siegel, Elaine, Female Homosexuality, Choice without Volition – A Psychoanalytic Study, The Analytic Press, London 1988; deutsch: *Weibliche Homosexualität, Psychoanalytische und therapeutische Praxis*, Reinhardt, München 1992, Zitat aus dem englischen Original übersetzt.

Weibliche Homosexualität – Schritte der Veränderung

Janelle Hallman-Burleson, M.A., L.P.C.

In Therapie und Seelsorge geht es darum, diejenigen „Entwicklungsaufgaben", die die homosexuell empfindende Frau in ihrer Persönlichkeitsentwicklung bisher nicht lösen konnte, endlich einer positiven Lösung zuzuführen. Diese Aufgaben erwachsen aus den „Lebensthemen" der homosexuell empfindenden Frau. In Anlehnung an die Einteilung von Erikson1 sind hier vor allem zu nennen: fehlendes Vertrauen/Misstrauen; kompensatorische Konzentration auf Leistung/Initiative ergreifen, Tun statt Sein; Identitätsverwirrung und Entwicklungsstillstand/Selbstabsorption.

Teil I: Themen in der Therapie

1. Die Grunddefizite aus der Kindheit emotional anschauen und verarbeiten

Erstes Grunddefizit: Das fehlende Erleben mütterlicher Zuwendung und Fürsorge

Die ursprüngliche, Sicherheit und Geborgenheit spendende Bindung an die Mutter war entweder nie vorhanden oder wurde ständig von innen oder außen bedroht und gestört.

Dieses innere oder äußere Abgeschnittensein von der Mutter nahm dem Mädchen die Möglichkeit, die Mutter zu spiegeln und so die Grundlage für das eigene Selbst zu entwickeln.

Es führte auch zu einem übermäßigen Hunger nach dem, was zur Mutter-Kind-Beziehung dazugehört: Zärtlichkeit, Berührung, Saugen an der Brust, tief in die Augen schauen usw.

Das Fehlen der Mutterbindung verhinderte besonders die Entwicklung von Vertrauen. Misstrauen ist deshalb eine reale Bedrohung für alle späteren Beziehungen.

Durch das innerere oder äußere „Abgekoppeltsein" von der Mutter ist das Mädchen von der Weiblichkeit überhaupt und damit auch vom

Ursprung des eigenen Seins und Wohl-Seins abgeschnitten. Es hat kein äußeres Zuhause bei der Mutter erlebt und konnte deshalb auch kein inneres Zuhause bei sich selbst entwickeln.

Zweites Grunddefizit: Das fehlende Erleben väterlichen Schutzes
Der Vater hat seine Tochter emotional oder in anderer Weise grenzüberschreitend verletzt oder sexuell missbraucht. Er war grob, neigte zu Gewalt oder war rigide und dominierend. Er zeigte keine Achtung gegenüber Frauen oder gegenüber Unterschieden zwischen Frauen und Männern.

Oder der Vater war passiv, selbstzentriert, kühl und trat überhaupt nicht wirklich in das Leben des Mädchens ein (siehe auch die Zeichnung Seite 39). Als das Mädchen erste wichtige Entwicklungsschritte von der Mutter hinweg machen wollte, hatte es das Gefühl, ins Leere zu laufen. Der Vater war nicht da als Gegenüber. Er konnte der Tochter keine Annahme oder positive Bestätigung vermitteln. Das Mädchen empfand sich deshalb nie als geborgen, sondern immer als ungeschützt. Vielleicht fühlte sich auch die Mutter ohne Schutzraum und konnte sich aus diesem Grund nicht emotional auf das Kind einlassen.

Das Fehlen der Mutterbindung verhinderte die Entwicklung von Vertrauen. Misstrauen ist eine reale Bedrohung für alle späteren Beziehungen.

Möglicherweise sah der Vater das Mädchen auch wie einen kleinen Sohn an. Vom Mädchen wurde das unbewusst als fehlende Wertschätzung für seine *weibliche* Identität empfunden. Das Mädchen fühlte sich nie als Mädchen angenommen. Statt Achtung seiner weiblichen Einzigartigkeit zu erleben, musste es früh lernen, sich an die männliche Welt anzupassen.

Weder innerlich noch äußerlich hat das Mädchen den notwendigen Schutzraum erlebt. Seine Identitätsentwicklung ist gefährdet, weil die Verbindung zur Mutter und die Wertschätzung durch den Vater fehlten. Das Mädchen blieb nicht nur unbestätigt, sondern erfuhr aktiv Ablehnung. Das kann für die emotionale und psychische Konstitution eines Kindes nicht nur verletzend, sondern tödlich sein. Das wahre Selbst des Mädchens, seine Sehnsucht nach Liebe, Beziehung und danach, unvoreingenommen und auf einzigartige Weise weiblich zu sein, wurde weder genährt noch ermutigt oder wertgeschätzt und blieb deshalb unentwickelt. Die wichtigsten Teile seines Seins und seiner Seele musste das Mädchen „begraben". Das Leben ist nur Überleben, es gibt keine Schönheit, Ruhe, Freude, Genießen oder Verbindung mit anderen. Sich-Öffnen und Sich-verletzlich-Zeigen müssen um jeden Preis vermieden werden.

2. Die ungesunden Selbstschutzmechanismen bearbeiten

Wenn Schutzraum, liebevolle Beziehungen und Fürsorge fehlen, muss das Mädchen versuchen, seine Bedürfnisse irgendwie selbst zu stillen. Das geschieht im Allgemeinen durch folgende Verhaltensweisen:

a) Da das Mädchen sich nicht als geschützt erlebt hat, hat es eigene Schutzmechanismen ausgebildet. Es lebt zum Beispiel in ständiger angespannter Wachheit, einer Art innerer „Hab-Acht-Stellung" und Hypervigilanz. Diese Haltung sowie eine ständige Geschäftigkeit, „Funktionieren", Über-Aktivität, äußere Härte, Wut und Selbstgenügsamkeit sind der „Mantel", der es schützen soll.

b) Da das Mädchen sich nicht angenommen fühlt, konzentriert es sich in seiner Entwicklung völlig auf die Entfaltung intellektueller Fähigkeiten, auf Leistung und „Etwas-Erreichen". Dies alles soll positive Bestätigung und Annahme geben. Die Bestätigung gilt aber nicht der Person, die sie *ist*, sondern dem, was sie *tut*, nicht dem Sein, sondern dem Tun. (Das ist keine allgemeine Aussage über den beruflichen Erfolg einer Frau. Es geht um die innere Einstellung. Es ist eine Art Bestätigungssuche, die man auch bei homosexuell orientierten Frauen findet, die objektiv beruflich wenig erreichen.)
Solche und andere „Überlebensstrategien", die bei allen lesbisch empfindenden Frauen in der einen oder anderen Weise zu finden sind, führen aber letztlich nur in größere Einsamkeit. Sie verstärken die ungestillte Bedürftigkeit. Sie führen zu größerer sozialer Isolation und in eine zunehmende innere Abschottung von zärtlichen Gefühlen und besonders Tränen. Ein falsches Selbst der Selbstgenügsamkeit, des „Tuns", der Arroganz und Härte entsteht. Gleichzeitig wird eine Haltung des Selbsthasses und der Verachtung für andere verinnerlicht. Das wahre innere Selbst mit seinem Bedürfnis und der Sehnsucht nach Beziehungen und Verbindung, danach zu empfangen, zu geben und zu lieben, verkümmert.

Die angelernten Selbstschutzmechanismen führen in eine zunehmende innere Abschottung von zärtlichen Gefühlen. Ein falsches Selbst der Selbstgenügsamkeit, der Arroganz und Härte entsteht.

3. Eine Antwort auf das tiefe Gefühl des Alleinseins finden

Die meisten lesbisch empfindenden Frauen sind von einem tiefen Gefühl des Alleinseins beherrscht. Eine Klientin z. B. malte folgendes Bild von sich selbst in einer Gruppe von Frauen: Sie sitzt auf einem Stuhl in der Mitte einer kleinen, einsamen Insel, umgeben von einem großen See. Alle anderen Frauen stehen am Ufer des Sees, weit weg. Die Klientin sitzt mit dem Rücken zum Betrachter und schaut die Frauen am Ufer an, die in das Bild hineinlächeln. Man spürt beim Ansehen des Bildes förmlich das Abgetrenntsein, das sie leiblich und emotional fühlt. Und man spürt das Fehlen von Identität, sie allein hat kein Gesicht.

Umso stärker meldet sich von Zeit zu Zeit die legitime Sehnsucht nach einer warmherzigen Beziehung, danach, eine tiefere Wahrnehmung für das eigene Selbst und das eigene (weibliche) Sein zu bekommen. Man könnte sagen, das wahre Selbst meldet sich. Gerade jetzt kann es schnell passieren, dass z. B. eine ältere Frau mit eigenen ungestillten Bedürfnissen sich bewusst oder unbewusst einer Jüngeren unter dem Anschein weiblich-mütterlicher Fürsorge nähert, jedoch mit dem eigentlichen Ziel der sexuellen Verführung. Oder es passiert, dass zwei junge Frauen sich fürsorglich umeinander kümmern wollen, nur um dann „irgendwie" in den Armen der anderen zu landen und eine sexualisierte Beziehung zu beginnen.

Es kann auch eine Phase geben, sei es während der Therapie oder unabhängig davon, dass eine lesbisch fühlende Frau anfängt, die Nähe zu anderen Frauen zu meiden, weil sie zum Beispiel aus moralischen Überlegungen heraus keine abhängige Beziehung mehr möchte, aber gleichzeitig noch wenig Erfahrung hat, was hilfreiche, heilsame Beziehungen sind. Oder sie erkennt, dass die Frau, mit der sie gerade eine Beziehung hat, gar nicht alle ihre Bedürfnisse stillen kann. Diese und ähnliche Erfahrungen führen zur Verstärkung ihrer Gefühle von Isolierung, Einsamkeit und Enttäuschung.

> Die homosexuell orientierte Frau hat noch keinen Zugang zu ihrer weiblichen Kraft und Stärke, konnte diese noch nicht entwickeln.

4. Statt emotionaler Abhängigkeiten echte Fürsorge für das eigene Selbst einüben

Emotionale Abhängigkeiten entstehen auf dem Boden von tiefen emotionalen Mängeln. Es scheint paradox: Eine äußerlich starke, harte,

unabhängig wirkende, Nähe abwehrende und vermännlichte Frau
wünscht sich, nur in dieser einen, ganz engen, verschlingenden und oft
sexualisierten Beziehung mit einer anderen Frau bedürftig, verletzlich,
abhängig und hilflos zu sein.

Die lesbisch empfindende Frau glaubt, dass sie ihr „Zuhause" in der
anderen gefunden hat; in Wirklichkeit aber lebt sie aus ihrer Neurose,
ihren seelischen Verletzungen und unbewussten Konflikten heraus, an-
statt ihr eigenes, wahres, unabhängiges und einzigartiges Selbst zu entwickeln. Homosexuelle Beziehungen zwischen Frauen sind schon aus
diesem Grund keine heilsamen Beziehungen. Zwar wird das falsche
Selbst der „Tapferkeit" und Selbstgenügsamkeit in diesen Beziehungen
in gewisser Weise über Bord geworfen. Es gibt also eine Ehrlichkeit in
Bezug auf die innere Leere und Bedürftigkeit. Aber die homosexuell
orientierte Frau hat noch keinen Zugang zu ihrer weiblichen Kraft und
Stärke, konnte diese noch nicht entwickeln. Sie hofft nur irgendwie,
mithilfe dessen, was sie als die weibliche Stärke der anderen Frau an-
nimmt, überleben zu können.

Für die Therapeutin oder Seelsorgerin ist es manchmal
schwierig zu erkennen, was in Bezug auf die Bedürftigkeit echt
und hilfreich ist oder was dagegen nur die Abhängigkeit verstärkt. Eine der wichtigsten Aufgaben in der Beratung ist es ja,
das wahre weibliche Selbst der Klientin zu stärken. Das aber
kann nicht wachsen, solange die Frau in emotionalen Abhängigkeiten bleibt. Nur durch den seelischen Schmerz hindurch
kann die Frau Zugang zu ihrem bedürftigen, verletzten und
verwundeten Selbst finden. Genau diesen Schmerz aber sucht
sie in der emotionalen Abhängigkeit zu vermeiden, indem sie
ihr Selbst unbewusst in eine andere Frau „verlegt". Sie will ihr „Zuhause"
in der anderen finden und bestätigt dem eigenen Selbst damit unbewusst
doch nur, dass es eben im eigenen „Haus" keinen Platz hat und dort keine Annahme und Zuwendung erfährt.

> *Eine der wichtigsten Aufgaben in der Beratung ist es, das wahre weibliche Selbst der Klientin zu stärken.*

Lesbisch orientierte Gefühle werden sehr oft gerade da gefühlt und
dann auch ausgelebt, wo das Gegenüber, die andere Frau, an demselben
Konflikt leidet. Beide Frauen haben einerseits das Gefühl, sehr
gebraucht zu werden (und deshalb erwünscht und angeblich angenommen zu sein), weil beide einander tatsächlich brauchen, um ein Gefühl
für das eigene Selbst zu bekommen. Mit anderen Worten: Jede fühlt sich
von der anderen gebraucht, weil jede so bedürftig nach der anderen ist.

In allen anderen Beziehungen lebt die betroffene Frau aber weiter aus ihren Selbstschutzmechanismen heraus, die sie davon abschotten, ihre Bedürftigkeit und ihr wahres Selbst zu spüren.

5. Borderline-Symptome erkennen[2]

„Ich hasse dich. Du gibst mir nicht genug." – Diese Haltung kann in einer bestehenden lesbischen Beziehung oder gegenüber der Therapeutin oder in einer anderen engen Beziehung auftreten.

Statt fürsorglicher Zuwendung zum eigenen Selbst, versucht die homosexuell empfindende Frau ihr Selbst in einen anderen Menschen hineinzuverlegen.

Verzweiflung und verzweifeltes Fordern nehmen deshalb zu: „Ich brauche dich, ohne dich werde ich sterben. Ich fühle mich so allein und leer."

Impulsive, unbeständige und hochdramatische Beziehungen folgen meist aus solcher Dynamik. Angst und Hilflosigkeit breiten sich aus. Die betroffene Frau fühlt sich noch verlorener und einsamer. Unbewusst vernachlässigt sie immer noch ihr eigenes Selbst, lässt es allein wie damals die Mutter, die ihr Kind emotional allein ließ. Statt fürsorglicher Zuwendung zum eigenen, bedürftigen Selbst, versucht die homosexuell empfindende Frau aktiv, ihr Selbst in einen anderen Menschen hineinzuverlegen: „Ich möchte mich in ihr verlieren, deshalb brauche ich sie. Ich habe kein eigenes Zuhause." Eine Klientin hat dies ehrlich so beschrieben:

Mein Verlangen, sie zu verschlingen,
ist mir so klar.
Es ist der Weg für mich, Teil dessen zu sein,
was und wer ich sein möchte:
Eine Dame mit Stil und Eleganz,
in Worten nicht auszudrücken,
eine Art des Seins, die von innen strahlt
und meine Kleidung durchschimmert.

Mein Gott, mein Gott, ist es möglich,
dass ich jemals so sein könnte?
Mit meinem „Sein" scheine ich das
nie erreichen zu können.
Mache ich also weiter so, mit diesem tiefsten Hunger,
mit Sehnsucht und Verlangen?
Oder erliege ich der Versuchung und verführe die Dame,
um sie zu verschlingen?[3]

6. Den „nie endenden Kreislauf" durchbrechen

Wenn emotional abhängige Beziehungen sich verschlechtern, kommt das Grundgefühl der Einsamkeit erneut an die Oberfläche und die Suche nach jemandem, in dem die homosexuell empfindende Frau irgendwie ihr Selbst „finden" kann, beginnt von vorn. Dieser Kreislauf ist endlos, es sei denn etwas oder jemand unterbricht ihn. In den meisten Fällen ist es das Gewissen der Frau, ihre ethisch-moralische Überzeugung oder es ist ihre seelische Erschöpfung, hervorgerufen durch die immer wiederkehrenden Schmerzen des endlosen Kreislaufs, oder aber das Scheitern einer Beziehung. Dies alles kann sie veranlassen, eine Therapeutin oder Seelsorgerin aufzusuchen. Die meisten Klientinnen, die zu mir kommen, fühlen sehr wohl, dass sie in diesem Kreislauf gefangen sind; oft verachten sie sich und andere dafür.

Teil II: Schritte der Veränderung

Wie können nun Heilung und Veränderung geschehen? Folgende Aspekte sind wichtig:

1. Vertrauen aufbauen ist die Grundlage

Für manche Frauen ist es das erste Mal in ihrem Leben, dass sie Vertrauen erleben können. Nur wo Vertrauen entwickelt wurde, kann die seelische „Tiefenarbeit" – oder wie Elaine Siegel es ausdrückt, „der Aufbau fester, innerer Strukturen"[4] – überhaupt beginnen. Und nur wo Vertrauen ist, kann die Frau sich in angemessener Weise auf eine andere Frau, die selbst klare Grenzen entwickelt hat, einlassen und Beziehung mit ihr leben.

Einige Stichworte aus meiner eigenen Praxis, wie Vertrauen entstehen kann:

1. Ich versuche, konkrete Erfahrungen von Vertrauen zu vermitteln. Ganz praktisch nenne ich der Klientin gleich am Anfang eine Eigenschaft, die ich an ihr besonders mag und an die ich glaube.

2. Ich versuche, eine Atmosphäre bedingungsloser Annahme und warmherziger Anteilnahme zu schaffen.

3. Ich beschäme niemals eine Klientin in irgendeiner Weise und versuche, Voraussetzungen zu schaffen, damit die Klientin sich öffnen, ehrlich und auch schwierig sein kann. Als Beraterin bin ich ebenfalls ehrlich (nicht unbedingt transparent, was meine eigene Geschichte und mein Privatleben angeht).

4. Ich bin kein „unbeschriebenes Blatt" oder völlig neutral und „objektiv". Ich kümmere mich wirklich und zeige das auch.

5. Ich lasse Bindung und Übertragung zu. Ungesundes oder unangemessenes Verhalten spreche ich direkt an.

6. Ich setze klare Grenzen, z. B. bezüglich der Therapiezeiten. Abhängigkeiten können entstehen. Man kann sie innerhalb der begrenzten therapeutischen Beziehung zulassen und bearbeiten.

7. Ich bringe meine eigene Menschlichkeit und Weiblichkeit in die Beziehung ein, bin authentisch. Ich begegne der Klientin mit Mitgefühl und, wo es angemessen ist, erzähle ich auch von meinen eigenen Gefühlen, Zweifeln, Ängsten, Sehnsüchten etc. Das kann der Klientin helfen, mehr eigene Gefühlssicherheit zu gewinnen.

8. Ich kommuniziere offen und direkt, allerdings mit Rücksichtnahme auf die jeweilige Ich-Stärke der Klientin. Ich achte also darauf, inwieweit die Klientin schon Vertrauen gelernt hat, um zu sehen, ob meine Interventionen angemessen sind.

9. Ich entschuldige mich für Fehler.

10. Ich gebe der Klientin Freiraum, mich zu prüfen und mich auszutesten. Ich spreche die Klientin darauf an, wenn ich Misstrauen spüre.

11. Ich spreche meine therapeutische Verpflichtung direkt an und verspreche, dass ich weder weggehen noch mich zurückziehen werde, dass ich aber den Entschluss der Klientin respektieren werde, wenn sie die Therapie beenden oder unterbrechen möchte.

12. Ich bin sehr beständig, treu und konsequent.

Klientinnen müssen sich auf ihre Therapeutin absolut verlassen können. Die Therapeutin oder Beraterin ist eine wirkliche Person, bei der die Klientinnen anfangen können, sich zu entspannen und die Wirklichkeit (mit Gutem und Bösem, Positivem und Negativem) anzunehmen. Die tatsächliche Beziehung oder Verbindung, die eine Therapeutin mit der Klientin aufbaut, gehört zu den heilsamsten Aspekten der gemeinsamen Therapie. Vertrauen kann aber nicht „gelehrt" werden, es muss entwickelt und durch Erfahrungen sich zu Eigen gemacht werden.

> Vertrauen kann nicht „gelehrt" werden, es muss entwickelt und durch Erfahrungen sich zu Eigen gemacht werden.

Eine Klientin hat ihre Sehnsucht nach solch einer vertrauenswürdigen Beziehung in einem Gedicht mit dem Titel „Freundschaft" ausgedrückt:

Freundschaft

Ich brauche eine Freundin
Eine, die mir hilft
Die kaputten Zäune zu flicken
Eine, die mir die Liebe gibt
Die ich nie hatte
Die mithilft, alles Verfaulte abzukratzen
Damit Luft an die Wunden kommt
Schmerzend, aber heilend
Vorher waren sie nur verborgen
Zugedeckt

Ich brauche eine Freundin
Die mir hilft
Wenn ich nicht weiß, was ich tun soll
Wenn ich verwirrt und niedergeschlagen bin
Wenn ich mehr Beziehung will
Freundschaft
Verbindlichkeit

Ich brauche eine Freundin,
Wenn ich nicht mehr kann
Und das Falsche getan habe
Die mich nicht zurück
In den Dreck wirft

Verletzt
Sondern mich aufrichtet
Mir zu essen gibt
Mich tröstet und mir versichert
Dass ich immer noch
Ihre Freundin bin
Ich brauche eine Freundin.[5]

Eine andere Klientin schrieb ihrer Therapeutin einen Brief. Sie fasst darin eine Erfahrung in Worte, die ich allen homosexuell orientierten Frauen wünsche – unabhängig davon, ob sie diese nun in einer therapeutischen oder einer anderen Beziehung machen:

Liebe Therapeutin,

ich möchte nur kurz schreiben … Vor Ihnen war ich schon bei sieben anderen Therapeuten. Mehr als alle anderen haben Sie meine Person respektiert. Sie haben mich aufgebaut, „genährt" und so zu einem ganzheitlicheren Wesen werden lassen. In den drei Jahren, in denen Sie geduldig mit mir arbeiteten, ist in mir ein tiefes Vertrauen gewachsen, das meine Art, in Beziehungen zu geben und zu nehmen, verändert hat. Sie haben mich sanft aus einer Welt, die nach Gleichheit verlangte, in eine Welt voller Unterschiede geführt. Das hat für mich die Möglichkeit zu echter Liebe eröffnet. Ihr Sein in meinem Leben hat meines zum Guten verändert.[6]

2. Die seelische Tiefenarbeit

Ein sehr wichtiger Teil der Therapie besteht darin, sich den im Kapitel: *Weibliche Homosexualität – Ursachen und Symptome* genannten Grunddefiziten aus der Kindheit und den daraus entwickelten falschen Schutzmechanismen emotional zu stellen und diese einer konstruktiven Lösung zuzuführen. Ohne dieses emotionale Erkennen, Anschauen und Verarbeiten der tiefen seelischen Verletzungen und Schmerzen aus der frühen Kindheit, d. h. ohne die seelische „Tiefenarbeit", muss das Ergebnis jeder Therapie letztlich unbefriedigend bleiben.

> *Ohne die seelische „Tiefenarbeit", muss das Ergebnis jeder Therapie letztlich unbefriedigend bleiben.*

Immer wieder kommen Frauen zu mir, die schon mehrere Jahre (bis zu sieben Jahren) keine emotional abhängige Beziehung mehr hatten, die bei anderen Therapeuten waren und an Selbsthilfegruppen teilgenommen haben – und die sich nun „plötzlich" doch

wieder in einer abhängigen, möglicherweise sexualisierten Beziehung
befinden. Wenn sie mich aufsuchen, ist es für sie oft ein letzter Versuch. Sie sind zutiefst entmutigt und zornig. Wenn sich nicht endlich
dauerhaft etwas in ihrem Leben ändert, sagen sie, bleiben sie lieber in
ihrer momentanen homosexuellen Beziehung. Im Gespräch wird dann
klar, dass die innere seelische Tiefenarbeit noch nicht wirklich geleistet
wurde. Die Frauen leben noch in der inneren Spaltung: Einerseits lehnen sie unbewusst ihre eigene Bedürftigkeit und Verletzlichkeit immer
noch ab, hassen das kleine bedürftige Mädchen in ihnen – und leben
andererseits unbewusst genau aus diesem Teil ihres verletzten Wesens
heraus, also aus der Übertragung und Projektion heraus.

Das macht ja gerade die emotional abhängige Beziehung aus. Diese Frauen brauchen immer noch jemanden, der das kleine, verängstig-
te und bedürftige Mädchen in ihnen liebt. Und selbst wenn es zu einer Beziehung zu einem Mann kommt: Solange dieses
„Mädchen" sich nicht wirklich geliebt fühlt, wird auch die
erwachsene Frau weiter Schwierigkeiten mit Männern haben.

Allerdings kann eine solche Tiefenarbeit erst wirklich er-
folgen, wenn die Klientin in der Gegenwart stabil ist. Und
selbst dann darf über der Arbeit mit der Vergangenheit die
aktuelle Situation nicht aus den Augen verloren werden.

Vor einer Tiefenarbeit sind auch Ich-Stärke und Stim-
mungsschwankungen der Klientin realistisch einzuschätzen
und zu verstehen, ebenso wie die Stärke und Qualität des
persönlichen Beziehungsnetzes, das die Klientin zur Verfügung hat, z. B. Familie und Freunde. Wann immer erforderlich und wenn möglich gebe ich praktische Hilfen und Hinweise zur Erweiterung und Vertiefung des Beziehungsnetzes.

*Lesbianismus
ist die Über-
tragung von
ungestillten
Bedürfnissen
aus der
Vergangenheit
auf eine
andere Frau
und gleich-
zeitig die
Projektion der
eigenen Angst
vor dem
(erneuten) Ver-
lassenwerden.*

3. Das Anschauen der Kindheit
Trauerarbeit
Die Verletzungen, Verluste und Enttäuschungen müssen angeschaut
und wirklich betrauert werden. Dies befreit die Frau von dem unbewussten Zwang, in ihren heutigen Beziehungen aus Übertragungen
und Projektionen zu leben. Lesbianismus ist die Übertragung von ungestillten Bedürfnissen aus der Vergangenheit (z. B. nach der Mutter)
auf eine andere Frau und gleichzeitig die Projektion der eigenen Angst

vor dem (erneuten) Verlassenwerden (weil das Mädchen sich damals von der Mutter verlassen fühlte). Vereinfacht ausgedrückt sagt die Übertragung: „Ich brauche dich zum Überleben (weil ich eine Mutter brauche)", die Projektion sagt: „Aber ich will dir auch helfen (damit du nicht so verlassen bist)."

Wutarbeit, Zornarbeit
Wut und Zorn müssen zum Ausdruck gebracht werden. Die Therapeutin muss vermitteln, dass sie mit der Wut umgehen kann. Solange die Klientin keine angemessenen Wege findet, ihre Wut zu artikulieren, verhält sie sich möglicherweise in ihrem alltäglichen Beziehungsstil weiterhin anstößig und unangemessen. Das wirkliche Problem ist außerdem, dass sie sich mit ihrer unausgedrückten Wut selbst zerstört. Die Klientin muss also – schon um ihrer eigenen Heilung willen – lernen zu vergeben, loszulassen und bereit sein, das wahre Selbst auch in der Person, die sie verletzt hat, zu sehen.

Vergebung, Versöhnung
Vergebung gegenüber Mutter, Vater, Freunden, Gott und sich selbst ist weder billig noch leicht. Es ist wichtig, dass die Klientin anfängt, auch in den Menschen, die sie so sehr verletzt haben, das von Gott geschaffene, wahre Selbst zu erkennen. Dann ist sie in der Lage, ehrlich zu sagen, wie sehr diese Menschen versagt haben, von Gottes gutem Plan abgewichen sind und kann ihnen gleichzeitig Mitgefühl und vielleicht sogar etwas Verständnis entgegenbringen.

4. Missbrauch, Trauma und beunruhigende Erinnerungen
Es geht darum, dass Missbrauch und Trauma nicht mehr abgespalten werden müssen, sondern als Teil der eigenen Geschichte angenommen werden können. Trauerarbeit, Wutarbeit und Vergebung/Versöhnung sind auch hier der Weg. Verletzte Gefühle können heilen. Techniken wie EMDR[7] sowie andere Arbeit mit gestalttherapeutischen und erfahrungszentrierten Techniken sind außerordentlich hilfreich. In der Seelsorge kann geschulte Gebetsseelsorge sehr hilfreich sein.

5. Gefühle erkennen lernen
Mithilfe von Fokussierungstechniken[8] helfe ich Klientinnen, ihre wirklichen Gefühle besser spüren und fühlen zu lernen. Ein Beispiel:

K. (Klientin):   „Ich war frustriert."
T. (Therapeutin):   „Wie fühlen Sie sich, wenn Sie frustriert sind?"
K.:   „Ärgerlich."
T.:   „Wie fühlen Sie sich, wenn Sie ärgerlich sind?"
K.:   „Kalt, hart und leer."
T.:   „Wie fühlen Sie sich, wenn Sie kalt, hart und leer sind?"
K.:   „Allein."
T.:   „Was ist das für ein Gefühl, wenn Sie allein sind?"
K.:   „Angst."
T.:   „Erzählen Sie mir eine Situation, in der Sie als kleines Mädchen Angst hatten."

Dann kann die Ursache eines Teils der Angst vor dem Alleinsein aufgespürt und bearbeitet werden.

Wortlisten mit verschiedensten Gefühlen können zur Identifizierung von Gefühlen hilfreich sein.

Ängste

Ängste, die aufgrund von Missbrauchserfahrungen hochkommen, können mithilfe bestimmter, bereits genannter Techniken wie EMDR oder anderer angegangen werden. Übungen, um Grenzen setzen zu lernen und mit der eigenen Kraft besser umzugehen, sind hilfreich.

6. Weitere Fähigkeiten entwickeln

Am Anfang ist es manchmal erforderlich, ganz praktisch mit der Klientin Strukturen für einen gesünderen, geregelteren Tagesablauf zu erarbeiten. Es geht dabei zunächst um scheinbar einfache Themen wie regelmäßiges Einkaufen und regelmäßiges, gesundes Essen. Die Klientin muss lernen, mit sich selbst in angemessener Weise fürsorglich umzugehen.

In der Therapie ist es wichtig, das falsche Selbst, also die Überlebensstrategien (Abwehrmechanismen in Beziehungen) und das wahre Selbst (Kern-Emotionen, Begabungen etc.) voneinander unterscheiden zu lernen. Das falsche Selbst muss mehr und mehr aufgegeben werden.

Es geht darum, in allen Lebensaspekten realistischer in Bezug auf eigene Stärken und Schwächen zu werden. Es gilt, Risiken zu wagen, Vertrauen zu lernen, ehrlich und integer den eigenen Weg zu gehen, sich mit den eigenen Ängsten auseinander zu setzen. Zärtlichkeit und Verletzlichkeit müs-

Das falsche Selbst muss mehr und mehr aufgegeben werden. Es geht darum, realistischer in Bezug auf eigene Stärken und Schwächen zu werden.

sen bewusst angenommen werden. Konkrete Fertigkeiten sind einzuüben, um mit neuen inneren oder äußeren Problemen konstruktiver
umgehen zu können. Heilsame, nicht-sexualisierte Beziehungen zu
Frauen müssen aufgebaut werden. Unangemessene Wünsche nach anderen, die in Abhängigkeit führen, sind, wo immer möglich, in den
Dialog mit Gott einzubringen.

7. Nicht Tun, sondern Sein

Wenn Frauen zur Entfaltung ihrer ganzen Weiblichkeit kommen wollen, müssen sie lernen zu ruhen, angemessen fürsorglich mit sich selbst
umzugehen und den Deckmantel der Leistungsorientiertheit abzulegen. Sein und Werden – das ist der Weg zu ganzheitlicher Weiblich-
keit. Klientinnen, die mich aufsuchen, ermutige ich sehr, echt und ehrlich mir gegenüber zu sein und ihre Abwehr-
haltungen, andere Selbstschutzmechanismen und aufgesetz-
tes Rollenverhalten abzulegen. Meist können sie nicht glauben, dass unter ihrer äußeren Tapferkeit und Tüchtigkeit
noch etwas anderes steckt. Aber sie haben ein inneres Selbst,
und es ist wichtig, dass sie es kennen lernen.

> *Wenn Frauen zur Entfaltung ihrer ganzen Weiblichkeit kommen wollen, müssen sie lernen, angemessen fürsorglich mit sich selbst umzugehen.*

Oft ist es eine permanente Geschäftigkeit, die die Klientinnen von der notwendigen tieferen Gefühlsarbeit abhält.
Geschäftigkeit hat die Funktion, Ängste zu verdrängen.
Ängste wiederum sind der Deckmantel für die tieferen Gefühle des Schmerzes und Schreckens.

Als Therapeutin gehe ich mit den Klientinnen auch ihren
Wochenplan durch. Ziel ist es, Zeit, die nur auf Aktivität und Arbeiten ausgerichtet ist, zu reduzieren zugunsten von Zeit, die auf Beziehungen und Intimität ausgerichtet ist. Schlafen ist übrigens auch akti-
vitätsorientiert, allerdings unproduktiv. Bei einigen Klientinnen ist es
ein riesiger Zeitfresser (und Ausdruck ihrer Depression).

Allerdings ist hier auch Vorsicht geboten: Diese Maßnahmen können massive Ängste auslösen. Wenn eine Frau ihren vollen Terminka-
lender kürzt, wird sie mit sich selbst und ihrer Einsamkeit konfron-
tiert. Wenn sie sich selbst nun nicht mag (da Selbsthass ein Anteil in
ihr ist) oder sie gar nicht weiß, wer sie eigentlich ist, wird sie auch
nicht gern Zeit mit sich verbringen. Das Alleinsein mit sich selbst wird
Ängste in ihr auslösen. Homosexuell orientierte Frauen (wie auch
manche andere Frauen mit anderen Beziehungsproblemen) wissen

nicht, wie man einfach SEIN kann. Sie wissen nicht, dass es wirklich gut ist, dass es sie gibt. Lesbisch orientierte Frauen zweifeln zutiefst daran, dass ihr Da-Sein allein schon ausreicht, um zu sagen: Es ist gut. Viele von ihnen haben früh gespürt, dass ihre Mutter sie nicht annehmen konnte. Ich ermutige Klientinnen, Tagebuch zu führen. Allerdings ist auch hier darauf zu achten, dass dies nicht zu einer „Aktivität" wird. Ihr inneres Kind soll mit der linken Hand (wenn rechts die Schreibhand ist) einen Brief an die Erwachsene schreiben. Die Klientin soll ein Bild von sich selbst als kleines Mädchen oder von ihrem inneren Leben malen; sie soll das Bild, das sie von sich selbst hat, malen. Alles, was einen Blick nach innen und somit Reflektion ermöglicht, kann hilfreich sein.

Alles, was einen Blick nach innen und somit Reflexion ermöglicht, kann hilfreich sein.

Es geht aber nicht nur darum, Aktivitäten zu reduzieren, sondern gezielt Ruhe zu suchen und Verhaltensweisen aktiver Selbst-Fürsorge einzuüben. Viele Klientinnen wissen nicht, wie sie mit sich selbst weiblich-mütterlich-fürsorglich umgehen können und spotten eher über meine Vorschläge dazu. Aber gerade in solchen Augenblicken selbstinitiierter Zuwendung und Freundlichkeit können Angst und die Sehnsucht nach Zärtlichkeit nach oben kommen und dürfen wahr sein.

Klientinnen müssen lernen, in angemessener Weise zu empfangen. Auch in der Therapie und Beratung sollte es Zeiten geben, wo die Klientin nur empfängt z. B. indem man ihr etwas erzählt oder vorliest. In der Seelsorge kann das Gebet für die Klientin eine sehr bedeutsame Erfahrung des Empfangens sein. Gegenseitiges Geben und Nehmen hat die homosexuell empfindende Frau vielleicht nie in angemessener Weise erlebt. Sie hat nicht erfahren, was es bedeutet, wenn der Säugling schreit und die Mama Zuwendung gibt, wenn der Säugling saugt und die Mama gibt usw.

Ich erinnere mich an eine Therapiesitzung, die mich besonders tief berührte. Eine Klientin hatte den Mut, mich um etwas zu bitten, von dem sie überzeugt war, dass sie es brauche, und sie kleidete ihre Bitte in ein Gedicht:

Klientinnen müssen lernen, in angemessener Weise zu empfangen.

Bitte, meine Freundin,
Darf ich deine Hand berühren – so klein und zart
Sie vielleicht mit meiner eigenen vergleichen
Sind sie einander ähnlich?

Darf ich deine Hand festhalten und
Ihre Wärme und Weichheit spüren
Gegen die Wärme meiner eigenen.

Darf ich dein Gesicht berühren und
Fühlen, wie weich deine Haut ist
Wie glatt, vielleicht gar nicht so anders als meine.

Würdest du, könntest du mich sicher in deinen Armen halten
Mich deine Wärme und Liebe spüren lassen,
Selbst, wenn ich anfange zu weinen?

Könntest du meine Tränen der Freude und des Kummers verstehen
Und mich fester halten, mir erlauben
In die Tiefen deines Herzens einzutreten?

Ich will versuchen, dich an meine Tiefen heranzulassen.
Es ist so schwer. Ich bin nicht gewöhnt
An diese Verletzlichkeit.

Ich fühle mich so ausgeliefert, schon wenn ich nur bitte.
Ist es zu viel, worum ich bitte?
Ist es zu seltsam?

Wirst du dich abwenden, dich in dich selbst zurückziehen
Wenn ich kühn meine Bitte
Vorbringe?[9]

In den Worten sind die Ruhe, Wärme, Zärtlichkeit, die Identifizierung mit der Therapeutin und die Bereitwilligkeit, für die Beziehung auch ein Risiko einzugehen, deutlich zu spüren. Hätte ich sie in diesem Moment abgewiesen, wäre das für sie gewesen, wie wenn eine Mutter ihrem Kind die Brust verweigert. Genau davor fürchtete sich auch die Klientin. – Nun, ich habe sie nicht in meinem Arm gehalten, aber ich habe mich neben sie gesetzt und sie mit meinen Worten „gehalten". Ich habe mich ihr geöffnet und ihr meine tiefen Gefühle mitgeteilt, ihr gesagt, wie sehr mich ihre Worte berühren. Es war ein Augenblick, den wohl keiner von uns beiden je vergessen wird: Ein Moment des Friedens, des Mit-Seins und Da-Seins, ein Moment tiefer Verbindung und Umsorgtseins, keine frenetische, verzweifelte Aktivität.

8. Identitätsentwicklung und Selbstannahme

Homosexuell orientierte Klientinnen bitte ich sehr oft am Anfang der gemeinsamen Arbeit, mir ein Bild von ihrem Inneren zu malen. Nicht selten werden dann Bilder gemalt, auf denen eher Monster oder tierähnliche Geschöpfe als menschliche Wesen mit Schönheit und Würde zu sehen sind. Hier liegt ein Ausgangspunkt für die gemeinsame Arbeit. Als Beraterinnnen sollten wir niemals versuchen, der Entwicklung vorzugreifen und z. B. erwarten, dass eine Klientin sich selbst annehmen kann, wenn sie solch ein Selbstbild hat. Wir müssen bei genau diesem Bild ansetzen und können nur von da aus weitergehen. Eine Klientin z. B. war fest davon überzeugt, dass ihr inneres Wesen aus einer Art hartem Plexiglas bestehe. Sie konnte sich selbst überhaupt nicht spüren, weder ihre Person noch ihre Gefühle noch etwas anderes in sich. Es war harte Arbeit für sie, bis sie endlich die Möglichkeit erwägen konnte, ein Wesen aus Fleisch und Blut zu sein. Wenn die therapeutische Arbeit weitergeht, sieht man die Fortschritte in diesem so notwendigen Prozess der Selbstannahme. Gerade in den gemalten Bildern wird sichtbar, wie sich im Verlauf der Therapie das Selbstbild verändert.

Selbstannahme geschieht durch annehmende Beziehungen. Niemand kann sich annehmen und lieben, wenn er in einem „Vakuum" lebt. Wir können uns annehmen, wenn wir Annahme von anderen oder von Gott erfahren. Wir sind als Beziehungswesen geschaffen. Nichts, was wirklich menschlich genannt werden kann, entwickelt sich in einem Zustand der Isolation. Selbstliebe entsteht, wenn ein Kind erfährt, dass es von den Eltern geliebt wird. Das wird verinnerlicht.

Wenn ein Kind Geliebtsein erfährt, weiß es, dass es liebenswert ist. Das geschieht auch später im Leben, wenn Mutter und Vater nicht mehr zur Verfügung stehen. Auch in der therapeutischen oder seelsorgerlichen Beziehung geschieht das. Klientinnen verinnerlichen nicht nur die Bot-

Nichts, was wirklich menschlich genannt werden kann, entwickelt sich in einem Zustand der Isolation. Selbstliebe entsteht, wenn ein Kind erfährt, dass es von den Eltern geliebt wird.

schaft, sondern sehr oft sogar die Stimme der Beraterin. Wenn wir als Beraterinnen darauf achten, dass unsere Stimme echt, liebevoll, bestätigend, ermutigend ist und Hoffnung vermittelt, wird das nicht ohne Auswirkungen bleiben.

Konkret geht es in der Selbstannahme um folgende Schritte:
a) Sich annehmen als jemand von Fleisch und Blut, als Mensch.
b) Sich annehmen als jemand, der Wert und Würde in sich selbst hat.
c) Sich annehmen als einzigartig und mit besonderen Eigenschaften.
d) Sich annehmen mit Grenzen, Mängeln, Versagen und Schuld.
e) Sich annehmen als weibliches Wesen, Weiblichkeit wirklich wertschätzen lernen.

Das Letztere ist vielleicht das Schwerste. Unsere Kultur verflacht und verfällt zunehmend, weil das Weibliche in ihrem Bild fehlt. Was heißt es, eine Frau zu sein und als Frau aus einer eigenen, ganzheitlichen Weiblichkeit (statt aus einer verletzten und verwundeten Weiblichkeit) heraus zu leben?

Andere praktische Vorschläge, die helfen können, das wahre Selbst und die eigene Identität zu entdecken, sind:

> *Unsere Kultur verflacht und verfällt zunehmend, weil das Weibliche in ihrem Bild fehlt.*

a) Gezieltes Fragen: Wer sind Sie? Was mögen Sie, was nicht; woran haben Sie Freude, was hassen Sie? Welche Talente, Gaben, Träume und Hoffnungen haben Sie? Welche Worte bestimmen Sie am meisten – positiv und negativ?

b) Als Therapeutin bestätige, lobe, ermutige ich, fordere die Klientin heraus und lache gemeinsam mit ihr, was ihre Eigenheiten und Schwächen angeht. Immer zeige ich Annahme und Bestätigung und versuche, die wirkliche innere Person zu entdecken und zu fördern. Ich möchte, dass sie versteht, dass sie Selbstwert und Würde in sich hat, dass sie gewollt und einmalig ist und es schön ist, dass es sie gibt.

Es ist wichtig, einer Klientin zu vermitteln:
1) Sie ist nicht „verrückt" oder merkwürdig, wenn sie sich leer und allein fühlt, vielmehr gibt es einige Entwicklungsschritte in ihrer Persönlichkeitsentwicklung, die noch nicht abgeschlossen sind.

2) Das harte, selbstgenügsame Selbst ist nicht ihr wahres Selbst, sondern eine falsche Maske und Selbstschutz.

3) Ihr Ausagieren in emotional abhängigen oder sexualisierten Beziehungen mit anderen Frauen und/oder ihre anderen Süchte sind nicht Teil ihres wahren Selbst, sondern ein Signal, dass etwas Tieferes geheilt, vergeben und losgelassen werden muss.

4) In ihr sind Geheimnisse und Wunderbares verborgen, die im Moment vielleicht nur Gott sehen kann. Da sie aber in der Ebenbildlichkeit Gottes geschaffen ist, verfügt sie über unglaubliche Kraft, Begabungen und Wert.

5) Da wir alle in der gefallenen Schöpfung leben, hat auch sie Teil an der Gefallenheit des Menschen. Aber sie ist, so wie sie ist, bedingungslos geliebt und als Geliebte angenommen.

Wenn eine Klientin anfangen kann, ihr ganzes Sein anzunehmen, wird sie auch anfangen, sich zu entspannen und aus dieser tiefen Wahrheit heraus zu leben.

Identität entsteht auf viele unterschiedliche Weisen: Verinnerlichung, Spiegelung, direkte Identifizierung, Lernen und Sozialisation. Wenn Vertrauen die therapeutische Beziehung bestimmt, wird die Klientin auch anfangen, sich mit der Beraterin zu identifizieren. Eine meiner Klientinnen, die gerne Bilder malte, begann diesen Identifikationsprozess damit, dass sie uns beide malte, wie wir als kleine Mädchen gemeinsam auf Schaukelpferden ritten. Später malte sie mich, wie ich sie als ältere Freundin auf meinen Schoß nahm und ihr vorlas oder mit ihr ein Lieblingsvideo anschaute. Während sie malte und diese Szenen in ihrer Vorstellungskraft lebendig werden ließ, spürte sie zunehmend Annahme. Dann malte sie mich, wie ich sie in den Armen hielt. Kurz danach malte sie uns beide als gleichaltrige, erwachsene Frauen, die einander anschauten und einander an der Hand hielten. Nun waren wir gleichrangig, und sie war mit sich und dem Bild zufrieden. Dieses Bild war erstaunlich, wenn man bedenkt, dass sie sich im allerersten Bild als grünes, tierähnli-

Identität entsteht auf viele unterschiedliche Weisen: Verinnerlichung, Spiegelung, direkte Identifizierung, Lernen und Sozialisation.

ches Monster gemalt hatte. Bei ihr war nicht nur die Botschaft, angenommen und liebenswert zu sein, angekommen, sondern auch die
Botschaft, dass sie der Therapeutin ebenbürtig und eine erwachsene,
selbstständige, weibliche Frau wie sie war.

9. Verzweiflung und Selbstabsorption/Stagnation[10]

Lesbisch empfindende Frauen kämpfen oft mit infantilen Depres-
sionsstörungen aufgrund der in der Kindheit empfundenen Trennung
und Verlassenheit und aufgrund eines fehlenden Gefühls für das eigene Sein und Wohl-Sein. Diese depressive Stimmung kann ein wesent-
licher Bestandteil ihrer Persönlichkeit sein und muss mit sehr viel
Geduld ertragen und bearbeitet werden. Fortschritte sind nur sehr
langsam zu erzielen, Rückfälle normal. Ziel ist es, ein angemessenes
Geben und Nehmen einzuüben.

10. Wachsen in der Intimität

Intimität und Identität sind für Mädchen und Frauen untrennbar
miteinander verbunden. Intimität, echte Nähe oder warmherzige
Bindung und Verbindung zu anderen erlauben es der Frau, in sich zu
ruhen, sich zu öffnen, sich zu kennen und sich zu lieben – und das bedeutet Identität haben. Sich selbst, die eigene Identität kennen, darin
zuhause zu sein und zu wachsen ist die Grundlage dafür, dass eine Frau
eine tiefere Intimität und echte Nähe mit einer anderen Person eingehen kann. Um in dieser eigenen Identität wachsen zu können, ist Folgendes wichtig:

Intimität und Sexualisierung auseinander halten
„Ich möchte nur gehalten werden." Warum? Fühlen Sie sich unsicher,
einsam, ängstlich und leer? Dahinter steckt im Kern: Ich kann nicht
allein überleben (starke Trennungsangst) – und das führt oft zu Bor-
derline-ähnlichen Symptomen und zu sexuell-verführerischem Verhalten. Verführung ist zutiefst der Versuch, sich gebraucht und gewollt zu
fühlen, denn das gibt Sicherheit. Solange mich jemand braucht, bin
ich geschützt vor den Schrecken des Alleinseins.

Die sexuelle Anziehung aus der trügerischen Faszination holen
Eine sexualisierte Anziehung muss offen gelegt werden. Eine solche
Anziehung kann sehr verschieden aussehen und eine unterschiedliche

Dynamik haben. Meist stecken nicht-sexuelle, emotionale Bedürfnisse dahinter und es geht darum, aus einer Fantasiewelt in die Realität zurückzufinden. Eine Klientin z. B., die eine Mentorin für andere war, stellte sich in ihrer Fantasie vor, dass sie mit der ihr anvertrauten Frau eine sexuelle Beziehung beginnen würde. Sie wusste, dass dies der anderen Frau gefallen würde und sie als Mentorin dadurch „die Beste" sein würde.

> Verführung ist zutiefst der Versuch, sich gebraucht und gewollt zu fühlen, denn das gibt Sicherheit.

Gleichzeitig wusste sie, dass sie „die Schlechteste" sein würde, wenn sie mit einer ihr anvertrauten Frau so umgehen würde. Die Ambivalenz, in jedem Fall „die Besondere" sein zu wollen, ob als „die Beste" oder als „die Schlechteste", machte die Faszination aus. Als die Klientin diese Dynamik ehrlich vor sich zugab, konnte sie zur Realität zurückfinden und die Faszination der sexuellen Anziehung verflog wie von selbst.

Intimität und Abhängigkeit auseinander halten
Hier ist es wichtig, nicht einfach Ratschläge zu geben, sondern genau hinzuhören. Wo geht es wirklich um emotionale Abhängigkeit und wo nicht? Klientinnen sollten hier einen eigenen Fahrplan entwickeln, wie sie mit Beziehungen umgehen möchten.

Es geht darum, heilsame, angemessene Wege der Verbundenheit mit anderen einzuüben, um damit wenigstens einen Teil der Einsamkeit zu lindern. Wichtig ist außerdem die Unterstützung durch Techniken der Selbst-Fürsorge und „Selbstbeelterung" als Hilfe gegen den inneren „Terror" des Alleingelassenseins.

Muster der defensiven Abkopplung ansprechen
„Ich bin nicht wie andere Frauen. Ich passe nicht dazu." Welche Gefühle und Vorstellungen stehen dahinter? Hier ist es wichtig, zu ermutigen, etwas zu riskieren und zu versuchen, sich einfach einmal einer Gruppe, einem Literaturzirkel, einem Bibelgesprächskreis usw. anzuschließen. Gefühle und Vorstellungen, die während der Teilnahme an einer solchen Gruppe auftreten, können in der Therapie bearbeitet werden.

Negative Festlegungen bearbeiten
Negative Festlegungen können sich auf unterschiedliche Bereiche erstrecken und unterschiedlich ausgeprägt sein:

Bezüglich des eigenen Selbst:
Ich bin nicht wie andere Frauen; ich habe keinen sicheren Raum; ich bin hässlich und wertlos; ich bin ganz allein; mich wird niemals jemand lieben; irgendetwas in mir ist zutiefst falsch; ich kann es alleine schaffen; Verletzlichkeit ist etwas Schlechtes.

Bezüglich anderer Frauen:
Frauen sind schwach und bedürftig; Frauen tun alles, um einen Mann zu halten; Frauen können nicht für sich selbst einstehen; Frauen sind oberflächlich; Frauen sind nur zweite Wahl.
Es ist wichtig, mit der Klientin gemeinsam herauszufinden, was sie unter „Frausein" versteht. Es geht dabei um innere Vorstellungen und um äußerlich Sichtbares. Für viele homosexuell orientierte Frauen ist es ein sehr heikles Thema. Fast immer spielen unterschwellig Verachtung für Frauen und Angst vor Frauen mit.

Bezüglich Männern:
Männer haben keine Ahnung; Männer sind zu nichts zu gebrauchen; Männer missbrauchen Frauen und kümmern sich nicht; Männer sind egoistisch und selbst-zentriert; Männer sind nicht gut; ein Mann kann niemals meine Bedürfnisse befriedigen; ein Mann wird mich niemals lieben können; Männer sind von Frauen abhängig; anständige Männer gibt es nicht.
Gerade in Bezug auf Männer gibt es nicht nur viele falsche Vorstellungen und Ängste, sondern sehr viele Abwehrmechanismen. Viele Klientinnen haben Angst; denn wenn sie erst einmal Hoffnung schöpfen, so meinen sie, werden sie hinterher nur umso enttäuschter sein. Sie werden Elend und Enttäuschung erleben und mit unerfüllten Sehnsüchten fertig werden müssen. Da ist es leichter, erst gar nicht zu hoffen.
Die Phase, in der diese negativen Festlegungen bearbeitet und allmählich aufgelöst werden, kann sehr lange dauern und ist für die homosexuell orientierte Frau eine sehr große Herausforderung. Jede Therapeutin, die hier helfen will, muss sich sicher sein, ihre eigenen Beziehungen zu Männern geklärt zu haben. Die Klientin wird spüren, ob auch die Therapeutin mit Verachtung oder Angst gegenüber Männern kämpft. Männliche Therapeuten, die ihrer Männlichkeit sicher sind, können in diesem Stadium der Therapie eine große Hilfe sein. Zuletzt

muss die Klientin – wie bei der Weiblichkeit – verletzte, zerstörte Männlichkeit und echte Männlichkeit voneinander unterscheiden lernen und letztere annehmen können.

11. Therapie in der Gruppe

Ich rate meinen Klientinnen fast immer, sich einer Therapiegruppe anzuschließen.[11] Von der Therapeutin ist dabei die Gruppenzusammensetzung sorgfältig zu überlegen, eine Zahl von acht Teilnehmerinnen ist günstig. Eine solche Arbeit in der Gruppe ist herausfordernd, aber fast immer unmittelbar lohnend. Die Gruppensitzungen konzentrieren sich nicht auf Erlebnisse, die von Zuhause mitgebracht werden, sondern auf Gefühle und Erfahrungen „hier und jetzt" in der Gruppe. Es geht um Gefühle und Sein, nicht um Aktivitäten und Tun. Jede Frau kann erleben, dass sie wegen ihrer Gedanken und Gefühle respektiert wird. Ratschläge sind nicht erwünscht.

In der Gruppe entstehen Gemeinschaft und Zugehörigkeitsgefühl. Sie ist eine wichtige Möglichkeit, Annahme zu erleben. Jede Frau tritt mit den anderen in Beziehung und identifiziert sich mit ihnen. Dies kann ein positiver Ersatz für die fehlende „peergroup" der Pubertät sein. In der Identifizierung mit anderen Frauen können falsche Vorstellungen über Frauen abgebaut werden.

Abwehrmechanismen, die auftreten, wenn schmerzhafte oder unangenehme Gefühle abgewehrt werden sollen, werden direkt thematisiert. Die häufigsten Abwehrmechanismen sind dabei: Intellektualisierung, Rationalisierung, Sarkasmus, Spott, Bagatellisierung, Witzeln, Projektion und Übertragung. Ebenso wird unangemessenes Beziehungsverhalten direkt angesprochen.

Übertragung und Gegenübertragung in der Gruppe werden bewusst bearbeitet. Wenn tiefere Konflikte auftauchen, werden sie bearbeitet, indem alle Frauen Teil des Prozesses sind und einander mitteilen, wie sie dadurch betroffen werden.

Therapieziel

Zuletzt, wenn alles gut geht, hat die Klientin gelernt, fürsorglicher mit sich selbst umzugehen und gesunde, nicht-sexuelle Freundschaften aufzubauen. Sie hat gelernt, Selbstüberlebensstrategien und Abwehrverhalten aufzugeben, und angefangen, in allen Lebensaspekten realer

Zuletzt muss die Klientin – wie bei der Weiblichkeit – verletzte, zerstörte Männlichkeit und echte Männlichkeit unterscheiden und letztere annehmen können.

Eine Therapie ist am Ziel, wenn die Klientin ihre eigene Weiblichkeit leben und sich in einer gesunden Balance von Geben und Nehmen mit anderen Frauen und Männern verbinden kann.

zu sein. Sie wagt es, neue Risiken in Beziehungen einzugehen, sie hat Vertrauen gelernt und kann Zärtlichkeit und Verletzlichkeit bewusst zulassen und annehmen.

Sie hat ein eigenes Zuhause in sich gefunden, und wenn sie das Glück hat, dies im Kontext eines persönlichen Glaubens an Gott zu finden, weiß sie, dass sie nie allein sein wird. Sie kann ihre eigene Weiblichkeit leben und aus ihrem inneren Zuhause heraus – ohne Abhängigkeiten von Frauen (oder Männern) – sich in einer gesunden Balance von Geben und Nehmen mit anderen Frauen und Männern verbinden. Wenn sie das erreicht hat, hat sie möglicherweise mehr erreicht als manch andere Frau, die nie an weiblicher Homosexualität litt.

---

[1]   Siehe Tabelle 1, Seite 37.

[2]   Wer mehr über das Borderline-Syndrom erfahren möchte, sei auf das ausgezeichnete, gut verständliche Buch von Joachim Gneist, *Wenn Hass und Liebe sich umarmen*, (Piper Verlag, München 2000) hingewiesen.
Dort heißt es am Anfang: „Menschen, die am Borderline-Syndrom leiden, sind zerrissen von widersprüchlichen, sich gegenseitig ausschließenden Gefühlen und Strebungen. Sie leben ständig in Hochspannung, können sich nicht hinreichend nach außen abgrenzen. Borderline-Menschen verzehren sich nach Nähe und Wärme, aber dem Menschen, der liebevoll auf sie zukommt, schleudern sie Wut und Hass entgegen. Sie sind unfähig, einen roten Faden durch ihren Alltag zu legen, einen Lebensplan zu entwerfen, Identität zu entwickeln. Immerhin drei bis vier Millionen Menschen in unserer Gesellschaft leiden am Borderline-Syndrom, das als die Krankheit unserer Kultur verstanden wird." (Anm. d. Hrsg.)

[3]   Veröffentlichung mit Erlaubnis der Verfasserin.

[4]   Siegel, E., Weibliche Homosexualität – Psychoanalytische und therapeutische Praxis, Reinhardt, München 1992.

[5]   Veröffentlichung gestattet.

[6]   Veröffentlichung gestattet.

[7]   EMDR: Eye movement desensitization and reprocessing, siehe unter: www.emdr-institut.de.

[8] Darüber mehr z. B. in Gendlin, E. T., *Focusing*, Rowohlt, Hamburg 1998.

[9] Veröffentlichung gestattet.

[10] Siehe Stufen der psychosozialen Entwicklung nach Erik H. Erikson, Seite 37.

[11] Siehe dazu auch: Corey et al., *Group Techniques*, Brooks and Cole Publishing, 1992.

Die lesbische Frau verstehen, die Hilfe sucht

Andria L. Sigler-Smalz C.P.C., Pastoraltherapeutin

Andria L. Sigler-Smalz ist Gründerin und Direktorin der Arbeit „Journey Christian Ministries" in Lake Elsinore, Kalifornien. Sie ist verheiratet und hat einen Sohn. Als Pastoraltherapeutin hat sie sich auf eine biblisch orientierte Beratung spezialisiert. Sie bietet Hilfe für Frauen und Männer an, die unter einem Konflikt zwischen ihren Wertvorstellungen einerseits und ihrem Lebensstil andererseits leiden. Während ihrer vierzehnjährigen Berufstätigkeit hat Andria Sigler-Smalz mit mehreren hundert Frauen und Männern gearbeitet, die mit ihrer Homosexualität kämpften oder mit anderen – oft damit verbundenen – Problemen wie Alkohol-, Drogen- oder Medikamentenabhängigkeit. Sie berät auch Eltern von gefährdeten Jugendlichen.

Kürzlich wurde ich gebeten, einen Fragebogen zu beurteilen, der als Gradmesser den Erfolg einer angestrebten Veränderung von der Homosexualität hin zur Heterosexualität messen sollte. Der erste Entwurf dieses Fragebogens richtete sich aber hauptsächlich an Männer, die mit Homosexualität kämpfen. Hätte man denselben Fragebogen Frauen vorgelegt, wäre das Ergebnis ein höherer Grad an Veränderung gewesen verglichen mit dem, was in Wirklichkeit erreicht wurde. Der Fragebogen ging von der Annahme aus, männliche und weibliche Homosexualität seien im Wesentlichen gleich. Aber während es Ähnlichkeiten in den Ursachen männlicher und weiblicher Homosexualität geben mag, gibt es auch Unterschiede im Wesen der Homosexualität und in der Art des Auslebens. Sie sind durch die Unterschiede zwischen Frau und Mann bedingt. Die Homosexuellen-Bewegung erkennt diese Unterschiede an und viele Frauen bevorzugen deshalb die Bezeichnung „lesbisch" statt homosexuell.

Merkmale einer lesbischen Beziehung

Auch wenn es Ausnahmen zu der folgenden allgemeinen Psychodynamik gibt, möchte ich kurz einige der typischen Merkmale einer weiblichen homosexuellen Beziehung beschreiben. Das Erste ist – und hier zeigt sich ein grundlegender Unterschied zwischen Mann und Frau –, dass Sex und sexuelle Anziehung nicht unbedingt Schlüsselkomponenten einer lesbischen Beziehung sind. In vielen Fällen spielt Sex nur eine kleine, gelegentlich gar keine Rolle. Körperlich wichtiger sind Festhalten und Zärtlichkeit. In den Fällen, in denen Sex eine entscheidende Rolle spielt, symbolisiert er emotionale Nähe und Intimität. Die Antriebskraft für eine lesbische Beziehung liegt in einem gefühlsmäßigen Mangel der Frau, einem Mangel in Bezug auf empfangene weiblich-mütterliche Fürsorge und Geborgenheit. Diese Mängel und die dadurch empfundene gefühlsmäßige Leere sind im Allgemeinen nicht in der gleichen Weise sexualisiert wie beim homosexuell empfindenden Mann. In der weiblichen Homosexualität spielt „emotionale Anziehung" eine wichtigere Rolle als sexuelle Anziehung.

> *Die Antriebskraft für eine lesbische Beziehung liegt in einem gefühlsmäßigen Mangel der Frau in Bezug auf empfangene weiblich-mütterliche Fürsorge und Geborgenheit.*

Zweitens: Innerhalb der Beziehungen scheint es eine Fähigkeit zu besonders starker Bindung aneinander zu geben. Wenn man jedoch näher hinsieht, erkennt man ein Verhalten, das auf eine fragile Bindung hinweist, in der Ängste und Sorgen vorherrschen. Die Kernkonflikte zeigen sich in den sich wiederholenden Themen: Verlassenwerden, Verschlungenwerden, Kontrolle und Macht, Identitätsbildung. Sie äußern sich auf ganz spezielle und deutlich erkennbare Weise.

Weibliche Beziehungen neigen zu sozialer Exklusivität statt Inklusivität, zum Ausschließen statt Einbeziehen anderer. Es ist deshalb nicht ungewöhnlich für ein lesbisches Paar, dass sie den Kontakt zu Familienmitgliedern und früheren Freunden immer weiter abbauen. Dieser allmählich immer größere Rückzug dient dazu, die Kontrolle innerhalb der Beziehung zu sichern, sie gegen Störungen von außen zu schützen und die Bindung vor dem Zerbrechen zu bewahren.

Die Themen der Kernkonflikte betreffen die Identitätsbildung. Wir sehen zum Beispiel die Angst vor dem Verlassenwerden und/oder vor dem Verschlungenwerden; Kämpfe, bei denen es um Macht (oder

Ohnmacht) und Kontrolle geht. Es geht um das Verlangen, mit einer anderen Person zu verschmelzen, um dadurch zu einem Gefühl der Sicherheit und zu Selbstwert zu gelangen.

Während lesbische Partnerschaften im Allgemeinen länger halten als männliche homosexuelle Beziehungen, neigen sie dazu, mit einer großen emotionalen Intensität aufgeladen zu sein. Der „Klebstoff", der sie zusammenhält, sind Eifersucht, übermäßiger Besitzanspruch und verschiedene manipulierende Verhaltensweisen. Während der Dauer der Beziehung sind die „Höhen" („highs") sehr hoch und die Konflikte extrem. Übermäßig viel gemeinsam verbrachte Zeit, sehr häufige Telefonate, übertriebene Geschenke, übereiltes Zusammenziehen in eine gemeinsame Wohnung und Zusammenwerfen der Finanzen – das sind einige der Wege, die gegangen werden, damit die Beziehung nur durch nichts gestört wird. Wir sehen darin das Gegenstück zu einer gesunden Bindung. Es ist emotionale Abhängigkeit und übermäßige emotionale Verstrickung.

> *Lesbische Beziehungen sind oft das Nachzeichnen eines tiefen Bedürfnisses nach mütterlicher Liebe.*

Für lesbische Paare ist das Gefühl: „Ich kann nicht leben, wenn es ein Leben ohne dich ist" nicht ungewöhnlich. Eine Klientin sagte mir einmal: „Ich weiß nicht, wie ich ohne sie leben sollte. Mein Leben war so leer, bevor sie kam. Jetzt ist sie mein Leben."

Die emotionale Anziehung, die lesbisch orientierte Frauen spüren, hat oft etwas Verzweifeltes an sich. Eine Klientin, die erkannte, dass ihre lesbischen Beziehungen ein Nachzeichnen ihres tiefen Bedürfnisses nach mütterlicher Liebe waren, erklärte mir:

> „Wenn ich eine Frau treffe, zu der ich mich hingezogen fühle, ist es, als würde etwas in mir sagen: ‚Willst du meine Mami sein?' Es ist ein unwiderstehliches, heftiges und gleichzeitig hilfloses Gefühl. Plötzlich fühle ich mich klein. Ich möchte von ihr bemerkt werden, möchte etwas Besonderes für sie sein – und dieses Verlangen beherrscht meinen Verstand."

Eine andere Klientin vertraute mir an, was sie in Zeiten, in denen sie von ihrer lesbischen Freundin getrennt war, empfand. Sie sagte:

> „Ich erinnere mich, dieses schreckliche Gefühl gehabt zu haben – dieses nagende, quälende Gefühl tief im Bauch. Es ist dasselbe Gefühl, das ich als Kind immer verspürte, wenn ich von zu Hause weg musste oder die seltenen Male, wenn ich bei anderen übernachtete. Die an-

deren Mädchen drehten dann immer voll auf, aber ich selbst wollte eigentlich nur wieder zuhause sein. Es war immer schwer, wenn ich von meiner Mutter weg musste."

Geschlechtsidentität und Lesbianismus

Unter lesbisch orientierten Frauen gibt es große Unterschiede im Blick auf weibliche Eigenschaften und äußeres Erscheinungsbild. Genauso wie es (paradoxerweise) heterosexuell orientierte Frauen gibt, die sich in ihrer Weiblichkeit nicht wohl und nicht „zuhause" fühlen, gibt es homosexuell orientierte Frauen, die gerne Frau sind und ein sehr weibliches Äußeres haben. Ich erwähne dies, um der allgemeinen Meinung entgegen zu treten, ein „jungenhaftes" Aussehen oder eine Vorliebe für traditionell nicht-weibliche Tätigkeiten seien schon gleichzusetzen mit Lesbianismus.

Die geschlechtliche Identität einer Frau hat damit zu tun, dass sie sich als Frau wohl fühlt, dass sie sich mit anderen Frauen entspannen kann, sich mit ihnen identifiziert und dass sie innerlich frei ist, weibliche Tätigkeiten zu wählen, wenn sie es will. Beim Lesbianismus geht es darum, dass das eigene weibliche Geschlecht aus einem bestimmten Grund vorgezogen wird: Psychologisch gesehen geht es um den Versuch, Sehnsüchte zu erfüllen, die der lesbisch orientierten Frau selbst unbewusst sind; und es geht um die Angst vor Nähe zu einer Person des anderen Geschlechts.

Im Lesbianismus ist eine Frau in der Entwicklung „festgefahren" und deshalb nicht in der Lage, eine gesunde Heterosexualität zu entwickeln. Das Ausmaß der Probleme in Bezug auf die geschlechtliche Identität wird beeinflusst davon, wann und wie die gesunde Persönlichkeitsentwicklung verhindert wurde.

Die geschlechtliche Identität einer Frau hat damit zu tun, dass sie sich mit anderen Frauen identifiziert und innerlich frei ist, weibliche Tätigkeiten zu wählen, wenn sie es will.

„Anti-Mann"-Haltung

Einige lesbisch orientierte Frauen empfinden negative Gefühle und inneren Zwiespalt, wenn es um eine Beziehung mit Männern geht. Dies trägt mit dazu bei, dass sie Heterosexualität nicht annehmen können. Einige identifizieren sich außerdem stark mit einem radikalen Feminismus. Frauen werden als begabt und begehrenswert angesehen, während Männer als minderwertig, sexbesessen und irgendwie als nutzlos betrachtet werden. Eine lesbische Klientin beschrieb die Szene eines Mannes und einer Frau, die sich Arm in Arm ein Baseballspiel ansahen, so: „Es war widerlich. Ich konnte nur denken: ‚Was sieht sie in ihm? Wie kann sie es nur zulassen, dass er sie berührt?'" Es ist nicht ungewöhnlich, dass Frauen, die über einen langen Zeitraum hin lesbisch gelebt haben, eine wachsende Abneigung gegen heterosexuelle Beziehungen empfinden.

Überlegungen zur Therapie

Bei der Begleitung einer lesbisch orientierten Klientin, die sich Veränderung wünscht, ist es wichtig, sie als individuelle Person anzusehen und ihre ganze Persönlichkeit im Blick zu haben. Am wichtigsten ist, dass die Therapeutin einen Eindruck davon gewinnt, wie die Klientin als Persönlichkeit strukturiert ist. Zum Beispiel: Hat sie die latenten Trennungs-Individuationskonflikte einer Borderline-Persönlichkeit? Hat sie das zerbrechliche Selbstwertgefühl einer narzisstischen Persönlichkeit? Oder hat sie die Bindungsängste einer schizoiden Persönlichkeit? Wenn die Therapeutin die Kernkonflikte versteht, wird sie die Bedeutung bestimmter nach außen gekehrter Verhaltensweisen deuten können. Durch eine auf diesem Wissen basierende und für die Klientin angemessene Interventionsmethode sind Fortschritte möglich.

Die schwierigste Phase der Therapie ist meist die, in der sich die Klientin von ihrer lesbischen Partnerin zu lösen beginnt.

Genauso wichtig ist es, das Ausmaß von zwanghaften Gefühlen, Gedanken und Verhaltensweisen festzustellen. Je größer die Zwänge sind, desto mehr Ängste und/oder Depressionen kommen möglicherweise an die Oberfläche, wenn die Klientin sich von ihrer lesbischen Partnerin zu lösen beginnt oder sich entscheidet, die lesbische emotionale

Anziehung nicht auszuleben. Hier liegt meist der schwierigste Teil der Therapie. Oft ähnelt er stark der Behandlung von Personen, die mit Medikamenten- oder Alkoholabhängigkeit kämpfen. Es ist sehr wichtig, dass die Therapeutin eine Frau ist. Allerdings löst dieses Problem die Klientin meist selbst. Da sie sich zu Frauen hingezogen fühlt, entscheidet sie sich auch für eine Therapeutin. Irgendwann wird die Klientin versuchen, mit der Therapeutin dieselben Themen zu inszenieren, die sie mit ihrer lesbischen Partnerin durchgegangen ist. Aus diesem Grund sollte die Therapeutin eine freundschaftliche Zuwendung haben, aber klare Grenzen einhalten. Sie muss zwischen angemessener Fürsorge und dem bloßen Nachgeben der Wünsche ihrer Klientin unterscheiden können. Am meisten wird zur Heilung beitragen, wenn sie die Übertragung und Gegenübertragung innerhalb der Klientin-Therapeutin-Beziehung effektiv nutzen kann.

Die Therapeutin muss sich Klarheit darüber verschaffen, welche Probleme genau ihre Klientin in Bezug auf die weibliche Identitätsfindung hat. Erst dann sollte sie auch ein Gespräch darüber beginnen. Die Therapeutin muss auch die Signale, die die Klientin durch bestimmte äußere Erscheinung, Kleidung, bestimmtes Auftreten usw. geben will, richtig deuten. Das kann helfen zu entscheiden, welches Thema jetzt angesprochen werden soll. Hat die Klientin sich zum Beispiel als Kind von ihrer Mutter „defensiv abgekoppelt", um sich dadurch vor weiterer (tatsächlicher oder so wahrgenommener) Ablehnung zu schützen? Gibt es kulturelle Einflüsse? Schützt sich die Klientin vor einer Annäherung von Männern, weil sie in der Vergangenheit sexuell missbraucht wurde? Andere wichtige Hilfen können sein: geistliche Unterstützung, Beobachtung von depressiven Anzeichen oder praktische Hilfe bei Beziehungsfragen. Dazu gehört auch, die Klientin zu ermutigen, ein Beziehungsnetz zusätzlich zur Therapie aufzubauen.

Die Therapie braucht normalerweise längere Zeit. Für viele Frauen haben sich zwei oder drei Sitzungen pro Woche bewährt, abhängig auch davon, wie belastbar die Klientin ist. Therapeutinnen, die viel reisen, oder im Voraus wissen, dass sie die therapeutische Beziehung nicht beibehalten können (z. B. wegen Umzug oder Praxisaufgabe) oder die eine eigene persönliche Krise erleben, sollten sorgfältig überlegen, bevor sie eine lesbisch orientierte Klientin annehmen. Verlässlichkeit und Beständigkeit der Therapeutin sind wichtige Elemente in der Begleitung homosexuell orientierter Frauen.

Prognose

Wie bei jeder Therapie ist der Erfolg von vielen Faktoren abhängig. Für einige dieser Faktoren ist die Klientin selbst verantwortlich – zum Beispiel ihre Motivation und Entschlossenheit, sich zu verändern, ihr regelmäßiges Erscheinen zu den Sitzungen, ihre Kooperation und Mitarbeit. Andere wichtige und entscheidende Faktoren für einen Erfolg betreffen Eigenschaften der Therapeutin. Die Therapeutin sollte bindungsfähig sein, gut unterscheiden können und eine gute Ausbildung sowie Erfahrung haben oder zumindest eine gute Supervision. Andere Überlegungen für die Prognose betreffen das Alter der Klientin, ihre Lebensgeschichte, Persönlichkeitsstruktur und Ausmaß ihrer Belastbarkeit.

Viele lesbisch orientierte Frauen, die Veränderung wünschen, erreichen ihr Ziel.

In meiner Arbeit mit Frauen habe ich festgestellt, dass Veränderung ein langsamer und anstrengender Weg ist. Trotzdem lohnt sich die Arbeit. Es ist immer ein Vorrecht, einer Klientin auf ihrem Weg zu einem gesünderen Leben zu helfen. Ich selbst bin oft beflügelt worden von der Entschlossenheit meiner Klientinnen.

Das Ringen der lesbisch orientieren Frau ist ein Zeichen für ihren inneren Schmerz und ihre inneren Konflikte. Deshalb ist es auch ein Zeichen von innerem Heilwerden und Persönlichkeitswachstum, wenn diese Frau dann gesunde gleichgeschlechtliche Beziehungen eingehen und Beziehungen mit dem anderen Geschlecht neu gestalten kann. Viele lesbisch orientierte Frauen, die Veränderung wünschen, erreichen ihr Ziel. Und selbst diejenigen, die es nur teilweise erreichen, werden durch die Begleitung wachsen und sich verändern. Auch sie werden ein vertieftes Verständnis für sich selbst und ein klareres Gefühl für ihre persönliche Ganzheitlichkeit erfahren.

Was ist Lesbianismus?

Joseph Nicolosi, Ph.D. und Linda Ames Nicolosi

Linda Ames Nicolosi aus Los Angeles, Kalifornien, ist Journalistin und Chefredakteurin der Fachzeitschrift „NARTH-Bulletin".[1] Joseph Nicolosi, Ph.D., Kalifornien, hat als Psychotherapeut mehr als 400 Männer, die ihre Homosexualität konflikthaft erlebten, begleitet. Er ist Präsident der Therapeutenvereinigung „NARTH" und Autor mehrerer Bücher, deutsch: Homosexualität muss kein Schicksal sein, *Neukirchen-Vluyn 1995, erhältlich beim Deutschen Institut für Jugend und Gesellschaft, 64382 Reichelsheim. Seit einigen Jahren befasst Nicolosi sich intensiv mit Fragen der Prävention von männlicher und weiblicher Homosexualität.*

Solange sie denken kann, hat „Jessica" ihr intensives Schwärmen für ihre Lehrerinnen hinter äußerer Härte und Sarkasmus versteckt. Mittags, wenn sie aus der Grundschule kam und nicht gerade mit den Jungen draußen spielte, zog sie sich gewöhnlich in ihr Zimmer zurück und flüchtete in eine Fantasiewelt, in der sie der starke heldenhafte Beschützer ihrer jeweiligen Lieblingslehrerin oder eines kleinen Nachbarmädchens war. Manchmal machte sie aus den Fantasien dramatische Geschichten, die sie aufschrieb und in einer Schublade in ihrem Schlafzimmer versteckte.

Als Jessica ins Gymnasium kam, ließ sie sich nur noch Jess nennen und trug Jungenhosen, Flanellhemden und Sportschuhe. Ihren sich entwickelnden weiblichen Körper versteckte sie sorgfältig unter dicken Schichten dunkler Kleidung. Jessica war eine ausgezeichnete Sportlerin und so fanden es alle ganz natürlich, dass sie leidenschaftlich gern Softball und Lacrosse spielte. Nicht natürlich war allerdings ihre wütende Ablehnung von Röcken und Kleidern und die Art und Weise, in der sie es verhinderte, dass ihre Haare auch nur über die Ohren wachsen konnten. Mit Make-up, Parfüm oder weiblicher Unterwäsche konnte sie überhaupt nichts anfangen. Stattdessen identifizierte sie sich mit Etiketten wie „lesbisch" und „Lesbe" – Begriffe, die sie aus der Schule als Schimpfworte kannte.

Jessica verachtete ihre Mutter und empfand sie als schwach. Eine wirkliche Beziehung zwischen ihnen gab es nicht. Das Einzige, was sie gemeinsam hatten, war ihr gegenseitiges Misstrauen. Die Mutter war mit dem Haushalt völlig überfordert und lag oft mit Depressionen im Bett. Sie hatte fast keine Zeit für ihre Tochter, die bezüglich ihrer weiblichen Identität sehr verunsichert war. Die Mutter selbst war eine zarte, feminine Frau, die oft kränklich war und überzeugt, dass Jessica nur ein „rebellisches, hoffnungslos jungenhaftes Mädchen" sei. Den oft abwesenden Vater hingegen vergötterte Jessica.

Als Jessica eine Therapie bei mir begann, lernte ich sie als eine aufrichtige, junge Frau kennen. Sie hatte den Wunsch, ihre widerstreitenden Gefühle und ihre Ablehnung bezüglich ihrer weiblichen Identität zu verstehen. Diese verbarg sie hinter einem äußeren Abwehrverhalten. Nach einiger Zeit erzählte sie, dass sie über viele Jahre von ihrem Onkel sexuell belästigt worden war. Die Mutter leugnete beharrlich den wiederholten sexuellen Missbrauch, den ihr eigener Bruder verübt hatte, noch bevor das Mädchen fünf Jahre alt war. „So etwas würde er nie tun!", behauptete sie hartnäckig. „Jessica denkt sich nur Geschichten aus, um sich interessant zu machen. Das sind doch alles Lügen."

Die unbewusste Ablehnung der eigenen weiblichen Identität ist meiner Erfahrung nach die Hauptursache in der Entstehung lesbischer Gefühle. Frauen, die lesbisch empfinden oder leben, haben sich fast immer unbewusst entschieden, dass Weiblichkeit entweder nicht wünschenswert ist oder dass sie bedeutet, ungeschützt zu sein. Manchmal hängt dies damit zusammen, dass das Mädchen schon früh sexuellen Missbrauch erlebt hat.

> *Die unbewusste Ablehnung der eigenen weiblichen Identität ist meiner Erfahrung nach die Hauptursache in der Entstehung lesbischer Gefühle.*

In den meisten Fällen jedoch war die Mutter für das Mädchen ein negatives oder schwaches Identifikationsobjekt. Wenn man sich die Mütter lesbisch empfindender Frauen ansieht, trifft man sehr häufig auf eine narzisstische, kontrollierende Mutter, die ihre Tochter in ein starres, stereotypes Verhalten zwingen will (und damit ein negatives Identifikationsobjekt für die Tochter darstellt) oder auf eine depressive, selbst missbrauchte oder völlig unzulängliche Mutter, die zu schwach erscheint, und deren Tochter sich deshalb nicht mit ihr identifizieren kann. Bei einer kleinen Minderheit lesbisch empfindender Frauen spielen auch biologische Faktoren mit und bereiten den Boden dafür, dass eine Frau in einen inneren Konflikt mit der eigenen weiblichen Identität kommt.

Eine ehemalige Klientin von mir, die früher homosexuell empfand und lebte, ist heute Ehefrau und Mutter. Sie beschreibt die ungleiche und ungerechte Machtverteilung in ihrer Familie, die der Hauptgrund dafür war, dass sie unbewusst eine Identifizierung mit dem Weiblichen verweigert hatte:

> „Meine Mutter habe ich immer nur als schwach angesehen, mein Vater dagegen war stark und eine charismatische Persönlichkeit. Ich erinnere mich noch daran, dass ich schon als ganz junges Mädchen dachte: ‚Wenn ich erwachsen bin, will ich nie wie Mama sein.‘ Ich weiß auch noch, dass ich mich entschied, mich wie meine Brüder und mein Vater zu verhalten und sogar wie sie auszusehen. Meine Brüder hatten viele Freunde und machten gerne Sport. Mein Vater hatte das Sagen, er hatte eine Arbeit und lebte sein Leben. Er war clever und in bestimmter Weise sarkastisch, er schien immer eine Antwort auf alles zu haben. Meine Mutter war nur zu Hause und vergötterte ihn. Meine Mutter und ich hatten uns nie viel zu sagen. Sie hat mich nie wirklich verstanden und heute denke ich, ich habe auch nie versucht, sie zu verstehen."

Frauen, die lesbisch empfinden oder leben, haben sich fast immer unbewusst entschieden, dass Weiblichkeit entweder nicht wünschenswert ist oder dass sie bedeutet, ungeschützt zu sein.

Auch Jane Boyer, ebenfalls früher lesbisch lebend, erinnert sich an ihre Kindheit und besonders daran, wie diese von ihrem gewalttätigen Vater dominiert wurde. Als Älteste von vier Kindern hatte sie nicht nur für die jüngeren Geschwister zu sorgen, sondern auch für die depressive, in sich gekehrte Mutter. Jane entwickelte eine starke Abneigung gegen die passive Opferrolle ihrer Mutter:

> „Wir erlebten, wie unsere Mutter vom Vater häufig geschlagen wurde. Es gab viel Gewalt in der Familie. Weil ich die Älteste von vier Kindern war, übernahm ich die Rolle, mich um meine Mutter zu kümmern, denn sie war nicht nur alkoholkrank, sondern auch sehr hilflos. Meine Mutter war außerordentlich passiv. Manchmal sah ich sie betrunken und weinend mit einem Eisbeutel auf dem Gesicht. Ihr Gesicht war blutig und die Augen blau geschlagen, und sie sagte immer: ‚Ich weiß nicht, ob ich ihn verlassen soll.‘"

Schon als fünfjähriges Mädchen bewunderte Jane starke, männlich wirkende Frauen – das genaue Gegenteil der missbrauchten Frauen in ihrer Familie, die sie niemals als Vorbild nehmen wollte. Erst später erkannte Jane, dass ihre Mutter – angesichts ihrer riesigen Probleme – wohl ihr Bestes versucht hatte. Trotzdem sagt Jane:

> „Ich weiß, dass ich sehr, sehr oft einfach nur gehasst habe, was ich in ihr sah. Und Mutters Schwestern waren fast genauso. Auch sie waren passiv, schwach und hatten wenig Rückgrat."

Unbewusst hatte Jane deshalb schon als Kind beschlossen: „Wenn *das* Frausein heißt, dann will ich keine sein." Sie erklärte mir: „Frauen symbolisierten für mich Schwäche … Als ich älter wurde und Beziehungen mit Frauen hatte, waren das nur Frauen, die sehr maskulin, unweiblich und hart waren."

Wenn die Eltern miteinander stritten, stellte sie sich immer auf die Seite ihres Vaters. Freud nennt das die „Identifikation mit dem Aggressor". Es ist ein einfacher, psychologischer Überlebensmechanismus, der bedeutet: „Wenn mich jemand verletzt, werde ich so wie er, dann verletzt er mich nicht mehr. Dann habe ich das Kommando." Jane erklärt weiter: „Mein Vater redete immer sehr abschätzig über Frauen. Zutiefst hasste er sie. Für ihn waren sie Sexobjekte. Er redete beleidigend über sie. Er hatte Macht, und alles war unter seiner Kontrolle. Meine Mutter dagegen war schwach, machtlos. Ich wollte nichts mit ihr zu tun haben."

Später heiratete Jane und adoptierte ein Kind, merkte aber, dass sie sich immer noch in männlich wirkende Frauen verliebte und schnell in eine starke emotionale Abhängigkeit von ihnen geriet. Eines Abends ging sie mit einer Freundin nur so zum Spaß in eine Lesben-Bar und wurde plötzlich in einen Lebensstil verwickelt, der beinahe ihre Ehe zerstört hätte. Immer wieder wurde sie von „ganz starken, knallharten" Frauen angezogen, die das völlige Gegenteil ihrer Mutter waren. „Wenn wir zusammen waren", sagt sie über sich und ihre Liebhaberinnen, „sahen uns die Leute immer an, als wären wir Mann und Frau."

Als Jane schließlich alkoholkrank wurde und unter schweren Depressionen litt, suchte sie eine Psychotherapeutin auf. Jane wollte wissen, ob es einen Weg gäbe, ihr Familienleben, ihren Glauben, ihre Ehe und ihre homoerotische Anziehung miteinander zu vereinbaren. „Man hatte mir gesagt, ich sei so geboren, und so dachte ich, wenn das so ist, dann muss ich meinen Mann verlassen und meinen Kindern wehtun. … Denn man hatte mir gesagt, ich würde niemals Frieden finden, wenn ich zu meinem Mann zurückginge." Die Therapeutin, selbst lesbisch lebend, sagte Jane, wenn sie ehrlich zu sich selbst sein wolle, müsse sie ihre homosexuellen Gefühle ausleben. Jane erzählt weiter:

> „Als ich sie verließ, war mir klar, dass sie selbst keinen Frieden hatte. Sie redete über Männer und sagte Sachen wie: ‚Bloß weil die einen Penis haben…!' Das ging immer weiter so, lauter ungeklärte Probleme mit Männern … Sie war sehr wütend auf Männer und hatte auch eine Menge ungelöster Probleme mit ihrer Mutter. Viele Verletzungen … Ich brach die Therapie ab und sagte mir: Sie hat keinen Frieden. Sie lebt aus ihrer Verletztheit heraus. Sie hat nichts verstanden."

Letztlich war es Janes Glaube, der ihr Leben veränderte, weil sie zu der Überzeugung kam, dass „lesbische Liebe eine Täuschung ist und man viel zu leicht Gefallen an der Täuschung findet."[2]

Sie entschloss sich, nicht weiter „aus ihrer Verletztheit heraus zu leben", sondern ihre Liebhaberin zu verlassen, sich auf den Weg der Veränderung ihrer homosexuellen Orientierung zu begeben und sich wieder neu auf ihre Ehe einzulassen.

Die verletzte weibliche Psyche

Die Entwicklung zur männlichen Homosexualität folgt einem relativ voraussagbaren Entwicklungsweg. Weibliche Homosexualität hingegen ist weniger vorhersehbar. Häufig wechselt sie auch mit heterosexuellen Lebensperioden ab. Viele lesbisch lebende Frauen glauben, dass sie ihre homosexuelle Sexualität aufgrund ihrer politisch-feministischen Einstellung *gewählt* haben. Meine Überzeugung ist allerdings, dass Lesbianismus ein Ergebnis einer ganz bestimmten Lebensbiografie ist. Durch die Biografie wurde vermittelt: „Eine Frau zu sein, ist nicht wünschenswert, und als Frau ist man außerdem schutzlos."

Weibliche Homosexualität ist weniger vorhersehbar als männliche Homosexualität. Häufig wechselt sie mit heterosexuellen Lebensperioden ab.

Die verletzte weibliche Psyche ist also der Grund dafür, dass so viele lesbisch empfindende und lebende Frauen sich feministisch-politischen Zielen verschrieben haben.

Die Psychotherapeutin Diane Eller-Boyko[3] schreibt:

> „Unsere Kultur bewundert das Männliche: Stärke, Dominanz, Leistung, Etwas-Anstreben. Das führt bei vielen Frauen zu einer neurotischen Abspaltung von ihrem eigentlichen, weiblichen Wesen. Frauen unterdrücken den inneren Schmerz [ihre Weiblichkeit nicht leben zu können. Anm. d. Hrsg.] und fangen an, sich mit dem Männlichen zu identifizieren. Wenn eine Frau aber beginnt, aus der Verletzung ihrer weiblichen Seele heraus zu leben, wird sie aggressiv und laut. Viele Frauen sind heute außerdem depressiv, verschlossen und ‚funktionieren‘ hauptsächlich.
>
> Lesbianismus und Feminismus sind deshalb natürliche Verbündete. In der lesbischen Subkultur heißt es: ‚Wir brauchen keinen Mann, wir können es alleine.‘ Und: ‚Wozu sind Männer gut? Sie wollen doch nur das Eine. Wer braucht sie überhaupt?‘ Diese Haltung und eine rebellische Einstellung gegenüber jeglichem Empfangen, gegenüber der Aufnahmebereitschaft als solcher sind Teil des Lesbianismus.
>
> Die Fähigkeit zum Empfangen ist aber gerade das Wesen der Weiblichkeit. Statt einen Krieg gegen die Männer zu führen, müssen wir als Frauen den lebensspendenden Geist der Weiblichkeit zurückbringen."

Ohne es zu wissen, vermitteln viele Mütter ihren Töchtern ein unattraktives Bild von Weiblichkeit. Eller-Boyko erklärt das so:

> „Mütter, die ihre eigene Weiblichkeit nicht annehmen können, verschließen sich innerlich, werden lustlos, depressiv, wütend und zwanghaft. Sie versuchen, ihre innere Leere durch neurotische Rituale zu füllen. Das aber verletzt ihre Töchter. Und die Töchter geben die verletzte Weiblichkeit an die nächste Generation weiter."

Eine auf diese Weise verletzte Tochter wird möglicherweise versuchen, durch eine intensive gleichgeschlechtliche Beziehung in tiefere Verbindung mit ihrer eigenen Weiblichkeit zu kommen. Von ihrem Wesen her suchen Frauen Kreativität, Ruhe und ein Gefühl für die eigene Mitte. Aber, so Eller-Boyko, wenn eine Frau, die keine sichere weibliche Identität hat, einer anderen Frau sehr nahe kommt,

„können lesbische Gefühle auftreten, weil eine Frau den Eindruck hat, dass es sich irgendwie sexuell anfühlt. Die Erfahrung ist emotional so stark, dass sie sexualisiert wird, obwohl sie eigentlich nichts mit Sexualität zu tun hat."

Eine lesbische Beziehung fühlt sich so gut an, weil die Frau „aufgefüllt" wird und in Verbindung mit ihrer verloren gegangenen, eigenen Weiblichkeit kommt:

> „Sich mit einer anderen Frau zu verbinden, bringt sie in Verbindung mit sich selbst, mit dem Teil in ihr, der sie ihre eigene Weiblichkeit erleben lässt ... Wenn eine Frau ihre Weiblichkeit abgelehnt hat, zahlt sie einen Preis. Der Wunsch, sich mit einer anderen Frau zu vereinigen, bedeutet im Grunde, dass sie mit sich selbst in Verbindung kommen will; doch eine Vereinigung mit einer anderen kann letztlich ihre Psyche nicht heil werden lassen. Mit einer anderen Frau kann sie nämlich nur die Illusion von Ganzheitlichkeit erleben. Ihr ‚Schatten', also ihre eigentlichen Bedürfnisse, die im Verlauf ihrer Entwicklung nie gestillt wurden, wird sie weiter verfolgen."⁴

Mütter, die ihre eigene Weiblichkeit nicht annehmen können, versuchen, ihre innere Leere durch neurotische Rituale zu füllen. Das aber verletzt ihre Töchter.

Eine Familiendynamik bei lesbisch empfindenden Frauen: Das narzisstische Familiensystem

Die Psychoanalytikerin Dr. Elaine Siegel, ehemals leitende Analytikerin am New Yorker Zentrum für psychoanalytische Weiterbildung, beschreibt in ihrem Buch „*Weibliche Homosexualität*"⁵, dass die Familiengeschichten ihrer lesbisch empfindenden Klientinnen einem erstaunlich genau voraussagbaren Muster folgten: Es waren narzisstische Familiensysteme, in denen man versuchte, die Mädchen und „ihre sich entwickelnden Identitäten in starre, ideale Verhaltensweisen zu pressen, die den Mädchen innerlich aber gar nicht entsprachen."

Durch die Erwartungen der Eltern in ein Verhaltensschema gepresst und in ihrem Verhalten manipuliert, ist es bei diesen Frauen „zu einem völligen Stillstand in ihrer Ich-Entwicklung gekommen." Indem diese Mädchen ihre Mütter als Identifikationsobjekte ablehnten, lehnten sie auch die Weiblichkeit ab, für die ihre Mütter standen. Siegel schreibt, dass ihre lesbisch orientierten Klientinnen nicht in der Lage waren, die Ablösungs- und Individuationsphase erfolgreich abzuschließen, jene

Phase also, in der ein Kind normalerweise ein unabhängiges, sicheres und individuelles Gefühl für die eigene Person entwickelt.

Obwohl betroffene Frauen nach außen manchmal den Eindruck erwecken, eine angemessen angepasste Persönlichkeit zu haben, „konnten sie sich nie mit Mutter oder Vater identifizieren". Psychodynamisch gesprochen konnten sie sich nie ihre eigene weibliche Anatomie „zu Eigen" machen. Nicht alle Klientinnen waren dabei als Kinder sehr jungenhaft, aber alle hatten wenigstens einige Anzeichen eines Identitätskonfliktes in Bezug auf ihre weibliche Identität.

> *Alle Klientinnen hatten wenigstens einige Anzeichen eines Identitätskonfliktes in Bezug auf ihre weibliche Identität.*

Im aufgeladenen Spannungsfeld des narzisstischen Familiensystems muss das Kind die Erwartungen der Eltern erfüllen und lernt nicht, wer es selbst als eigenständige, individuelle Person ist. Viele dieser Mädchen und Frauen waren deshalb lange Zeit voller Unsicherheit und Verwirrung, was ihre eigene persönliche Identität angeht.[6]

Auch wenn Elaine Siegel sich bewusst ist, dass nicht alle Formen von Lesbianismus mit diesem Familienmodell erklärt werden können, war sie doch betroffen, wie stark die Gemeinsamkeiten in den Lebensgeschichten ihrer Klientinnen waren. Die Mütter der lesbisch empfindenden Frauen, die sie in ihrer Praxis sah, beschreibt sie sehr direkt:

> „Das kleine Mädchen, das homosexuell empfinden wird, hatte nie die Möglichkeit, sein eigenes Selbst zu entwickeln. Es ist das Geschöpf seiner Mutter, deren Selbstliebe es steigern sollte ...

> Manchmal scheinen Mütter ihre Kinder entweder als zutiefst ersehnte oder zutiefst abgelehnte Erweiterungen ihres eigenen Selbst anzusehen ...

> Versuchten die kleinen Mädchen nun, sich dem Vater zuzuwenden, erging es ihnen nicht viel besser. Total von der eigenen Arbeit in Anspruch genommen, wandten die Väter sich nur gelegentlich ihren Töchtern zu, spornten sie dann übermäßig an – und schienen wieder zu vergessen, dass sie da waren ...

> Wenn Väter sich die Zeit nahmen, auf ihre Töchter einzugehen, behandelten sie sie als Personen, die ihrem eigenen, männlichen Bild entsprechen sollten."

Siegel beschreibt die Mütter ihrer lesbisch orientierten Klientinnen als insgesamt unreif und emotional instabil. Von den Bedürfnissen ihrer Töchter hatten sie keine Ahnung. Sie sahen ihre Töchter nicht als eigenständige, ganze Personen, sondern als narzisstische Erweiterungen ihres eigenen Selbst an. Die Töchter sollten die Bedürfnisse der Mütter stillen. Aus diesem Grund konnten die Mädchen nie ein sicheres Gefühl für das eigene Selbst und die eigene weibliche Identität entwickeln.

Siegel beschreibt die Symptome, die ihre Klientinnen schon in der Kindheit zeigten und die auf einen inneren Konflikt bezüglich der eigenen weiblichen Identität hinweisen:

> „Keine Einzige wollte als kleines Mädchen mit Puppen spielen oder ‚Mama, Papa, Kind' spielen. Alle hatten eine ausgeprägte Abneigung gegen typische Mädchenkleidung.

> Wenn ein Mädchen sich weigert, im Sitzen Urin zu lassen oder darauf besteht, das im Stehen zu tun, ist das ein sehr deutlicher Hinweis auf einen Identitätskonflikt.

> Wenn ein Mädchen beteuert, dass es einen Penis hat oder ihm einer wächst oder wenn ältere Mädchen nicht wollen, dass ihnen die Brüste wachsen und die Menstruation eintritt, so sind das sehr ernst zu nehmende, Besorgnis erregende Zeichen."[7]

Als Erwachsene, so Siegel weiter, versuchen diese Frauen, die sich nie mit ihren Müttern identifizieren konnten, ihr eigenes, gestörtes Körperbild zu „heilen", indem sie sich einen Intimpartner suchen, der ihnen gleich ist. Weil sie ihre Geschlechtsorgane nie wirklich in ihr Körperbild integrieren konnten, lehnen sie zutiefst alle Unterschiede zwischen Mann und Frau ab, leugnen sie. („Frauen können alles, was Männer können." „Wer braucht schon einen Mann?"). Diese Haltung findet ihren politischen Ausdruck im radikalen Feminismus und in einer Feindschaft gegenüber Männern in Machtpositionen.

Eine der ersten therapeutischen Aufgaben für Menschen mit homosexueller Orientierung besteht darin, dass sie sich ihren Körper, zu Eigen machen.

In meiner eigenen therapeutischen Arbeit habe ich bei vielen homosexuell orientierten Männern das Entsprechende beobachtet: Auch sie lehnen ihren männlichen Körper ab. Tatsächlich stimme ich mit Siegel darin überein: Eine der ersten therapeutischen

Aufgaben für Frauen und Männer mit homosexueller Orientierung besteht darin, dass sie sich ihren weiblichen oder männlichen Körper, zu dem sie keine emotionale Verbindung haben, zu Eigen machen. Er muss Teil ihres Grundgefühls für das eigene Selbst werden.

Die Folgen: Narzisstische Weiblichkeit und Männlichkeit

Der Psychoanalytiker Gerald Schoenewolf definiert:

> „Narzissmus in Bezug auf die eigene
> Weiblichkeit oder Männlichkeit
> [ist ein Zustand, in dem eine
> Person]den eigenen Körper zum Objekt
> ihrer erotischen Sehnsucht macht."

Schoenewolf sieht darin das Hauptsymptom der Homosexualität:

> „Narzisstische Weiblichkeit oder Männlichkeit entwickelt sich als Reaktion auf Minderwertigkeitsgefühle in Bezug auf das eigene Geschlecht. Man kann sie als übertriebene Liebe oder Interesse am eigenen Geschlecht, den eigenen Geschlechtsorganen und der eigenen Weiblichkeit oder Männlichkeit definieren. Sie beinhaltet eine Aversion gegen das andere Geschlecht."[8]

Oft sieht man, dass „Schwule" und „Lesben" sich im politischen Kampf gegen das „Patriarchat" verbünden. Die homosexuell empfindende Frau, die in ihrer Weiblichkeit verletzt ist und ihre Weiblichkeit nicht leben kann, wird sich intensiv von einer politischen Bewegung angezogen fühlen, die „Frauenpower" unterstützt und das Patriarchat verurteilt. Sie verbündet sich mit dem homosexuellen Mann, der den gleichen Zorn in sich fühlt wie sie, weil er von seinen männlichen Altersgenossen verletzt wurde und sich schon lange als Außenseiter in der männlichen Welt fühlt, besonders in seiner Beziehung zu heterosexuellen Männern in Machtpositionen. Die schwul-lesbische politische Allianz zur Unterstützung feministischer Ziele ist deshalb nicht verwunderlich:

> „Einige homosexuell lebende Frauen und Männer [Klienten] haben ihre Gefühle bezüglich ihrer Homosexualität politisiert. Sie haben

nicht nur ihr eigenes Geschlecht idealisiert, sondern auch die Homosexualität. Homosexuelle, sagen sie, seien sensibler, menschlicher, kultivierter und ethisch höherstehender als Heterosexuelle. ‚Wären Heteros so friedliebend wie Schwule, hätten wir eine bessere Welt', ist eine häufig geäußerte Ansicht."[9]

Weiteres zu Familiendynamiken

Wie Elaine Siegel darstellt, kann eine narzisstische Mutter, die den Ablösungs- und Individuationsprozess ihrer Tochter behindert, diese unbewusst in Richtung Lesbianismus treiben. Eine weitere Ursache für die Entstehung lesbischer Gefühle kann aber auch eine tiefe Verletzung durch einen Mann sein. Eine solche Verletzung vermittelt dieselbe Botschaft: „Als Frau ist man ungeschützt, ausgeliefert." Der Therapeut Richard Fitzgibbons[10] erklärt das so:

„Einige Frauen, die in homosexuellen Beziehungen leben, hatten Väter, die gefühllos, alkoholkrank oder gewalttätig waren. Aufgrund solch schmerzhafter Kindheitserfahrungen ist es nur verständlich, dass diese Frauen Angst haben, sich Männern gegenüber verletzlich zu zeigen ...

Missbrauch kann ein Grund sein, warum sich eine Frau einer Frau zuwendet.

Für Frauen, die als Kind oder Teenager sexuell missbraucht oder vergewaltigt wurden, ist es schwer oder fast unmöglich, Männern zu vertrauen. Das kann ein Grund sein, warum sich eine Frau einer Frau zuwendet, um dort Zuneigung zu erhalten und ihr sexuelles Verlangen zu stillen."[11]

Dr. Charles Socarides vertritt die Auffassung, dass Mädchen mit homosexuellen Neigungen den tiefen Eindruck haben, dass ihr eigenes Geschlecht nicht gut genug ist:

„Meine Erfahrung ist, dass lesbisch empfindende Frauen schon als kleine Mädchen tiefe Minderwertigkeitsgefühle hatten. Alles, was Eltern tun können, um ihren Kindern zu vermitteln, dass sie stolz auf ihre Identität als junge Frau oder junger Mann sein können, wird den Genesungsprozess unterstützen."[12]

Die Ablehnung des eigenen Geschlechts

Da Mädchen deutlich seltener als Jungen an einer Verunsicherung ihrer geschlechtlichen Identität leiden, hat man sich in der Therapie viel weniger mit dem Phänomen des „jungenhaften" Mädchens beschäftigt. Und über „jungenhafte" Mädchen macht man sich auch generell weniger Gedanken als über „mädchenhafte" Jungen. Unsere Kultur gesteht Mädchen hinsichtlich jungenhaften Verhaltens viel mehr Freiheiten zu; effeminierte Jungen dagegen werden (immer noch) schnell abgelehnt und ausgegrenzt. Bei einem Mädchen müssen deshalb deutlich extremere, „jungenhafte" Verhaltensweisen auftreten als entsprechendes bei einem Jungen, bevor die Eltern therapeutische Hilfe suchen.

Alles, was Eltern tun können, um ihren Kindern zu vermitteln, dass sie stolz auf ihre Identität als junge Frau oder junger Mann sein können, wird den Genesungsprozess unterstützen.

Außerdem ist wildes, jungenhaftes Verhalten bei Mädchen oft nur eine vorübergehende Phase, während effeminiertes Verhalten bei Jungen meist bestehen bleibt.[13] Viele Mädchen wählen oder bevorzugen als Kind männliche Aktivitäten, und behalten doch ihre *weibliche* Identität. In Pubertät und Adoleszenz gehen die Mädchen dann stärker weiblichen Interessen nach.[14] Dr. Selma Fraiberg schreibt in ihrem Klassiker über die Entwicklung des Kindes:

„Nur wenn die Persönlichkeit des Mädchens von männlichen Neigungen dominiert und die eigene Weiblichkeit dabei gleichzeitig abgelehnt wird, muss man sich Sorgen über die weitere Entwicklung machen."[15]

Einige Mädchen behalten auch während der Adoleszenz ihr jungenhaftes Verhalten und die Ablehnung ihrer Weiblichkeit bei. Bei diesen Mädchen besteht die Wahrscheinlichkeit, dass sie transsexuell oder lesbisch empfinden werden.[16] Starke Rivalität gegenüber Brüdern und anderen Jungen, vor allem im sportlichen Bereich, können ein weiteres Anzeichen für dauerhafte Probleme bezüglich der eigenen Weiblichkeit sein.

Dr. George Rekers schreibt über ein „jungenhaftes" Mädchen, das ihm zur Therapie geschickt wurde:

„Becky kam im Alter von sieben Jahren und elf Monaten in psychologische Behandlung. Eine psychiatrisch ausgebildete Krankenschwester hatte sie auf Bitten ihrer Mutter untersucht und zu mir geschickt.

Becky hatte zwei jüngere Schwestern im Alter von zwei und sechs Jahren. Da die Eltern geschieden waren, wuchs das Mädchen ohne Vater auf.

Ihre Mutter konnte sich nicht erinnern, dass Becky jemals etwas anderes als Jungenhosen angezogen hätte. Oft trug sie Cowboystiefel. Weibliche Kleidung und Schmuck lehnte sie ab. Der einzige weibliche Kosmetikartikel, den sie nach Aussage ihrer Mutter jemals benutzt hatte, war ein Stift, mit dem sie sich mehrere Male einen Schnurrbart oder Bart angemalt hatte. Beckys Art, sich zu bewegen, ihre Gestik und Angewohnheiten wirkten ‚maskulin'. Es hieß, sie habe ab und zu in der Öffentlichkeit masturbiert und ihren Körper an dem anderer, gleichaltriger Mädchen gerieben. Oft sprach sie mit tiefer Stimme, um wie ein ‚Mann' zu klingen.

> *Bei einem Mädchen müssen deutlich extremere, „jungenhafte" Verhaltensweisen auftreten als Entsprechendes bei einem Jungen, bevor die Eltern therapeutische Hilfe suchen.*

Immer wieder sagte sie, sie wäre lieber ein Junge. Beim Spielen übernahm sie männliche Rollen. Sie spielte lieber mit Jungen, mit Mädchen kam sie nicht gut zurecht. Ihr Verhalten war sehr aggressiv. Die Beziehung zu ihrer sechsjährigen Schwester, die eindeutig weibliche Spiele bevorzugte, war sehr schlecht."[17]

Elaine Siegel schreibt, dass ihre lesbischen Klientinnen sich nie für übliche Mädchenspiele wie Puppenanziehen und Hausfrau spielen interessiert hätten, sondern für aktive Spiele und Sportarten, die typisch für Jungen sind. In ihrem Buch beschreibt sie auch die Therapie von drei Frauen, die an einer Geschlechtsidentitätsstörung litten. Diese kannten als Kinder zwar ihr biologisches Geschlecht, wussten also verstandesmäßig, dass sie ein Mädchen (oder in einem anderen Fall ein Junge) waren. Sie hatten aber keinerlei Vorstellung, was das für ihr eigenes, persönliches Leben bedeuten könnte. Im Gegenteil, so Siegel, sie wandten sich entschieden von der eigenen Weiblichkeit ab und lehnten diese in einer Haltung „omnipotenten Triumphes" direkt ab.

Die Rolle von Mutter und Vater

Dr. Robert Stoller, Experte auf dem Gebiet der Erforschung von Geschlechtsidentitätsstörungen bei Mädchen und Jungen, vertritt folgende Auffassung: Damit ein Mädchen eine sichere Geschlechtsidentität

Eine gute Beziehung zwischen Mutter und Tochter ist die Grundlage für die Entwicklung von Weiblichkeit und Heterosexualität.

entwickelt, muss es eine warmherzige, von Nähe geprägte Beziehung zur Mutter haben und einen Vater, der das Seine dazu beiträgt, dass sich die Tochter nicht mit ihm identifiziert. Eine gute Beziehung zwischen Mutter und Tochter ist die wichtigste Grundlage für die Entwicklung von Weiblichkeit und Heterosexualität.

In seiner Studie mit sehr maskulinen Frauen stellte Stoller fest, dass diese fast nie eine ausreichende emotionale Nähe zur Mutter gehabt hatten, dagegen oft eine zu enge Beziehung zum Vater.[18] In einigen Fällen war der Vater enttäuscht, eine Tochter zu haben, und behandelte sie wie einen Sohn. Die Tochter war deshalb „zu der Wahl gezwungen", ihre weiblichen Ziele aufzugeben, um die Liebe ihres Vaters zu behalten.

Schwere Depressionen bei der Mutter

Untersuchungen an Mädchen mit schwerer Geschlechtsidentitätsverwirrung haben in vielen Fällen eine traumatische Unterbrechung der frühen Mutter-Tochter-Bindung nachgewiesen. In den meisten Fällen war die Ursache eine schwere Depression der Mutter. Der Vater, der dann die Rolle der abwesenden Mutter übernahm, sah in seiner Tochter einen „Kumpel" und ermutigte sie, sich wie er zu verhalten und seine männlichen Interessen zu teilen. Da die Mutter nur geringen Einfluss ausübte, wirkten die Mädchen oft schon mit drei oder vier Jahren vermännlicht.

In den Familiengeschichten von sechsundzwanzig Mädchen mit der Diagnose Geschlechtsidentitätsstörung, die von Zucker und Bradley untersucht wurden, fand man in allen Fällen eine an schweren Depressionen leidende Mutter. Fast 77 Prozent der Mütter hatten schon zuvor Depressionen und alle litten dann an Depressionen, als ihre Töchter im Säuglings- oder Kleinkindalter waren, in jener Zeit also, die für die Entwicklung der Geschlechtsidentität am wichtigsten ist. Hier wird das Phänomen der Mutter als schwaches oder negatives Identifikationsobjekt deutlich. Die Forscher beschreiben im Einzelnen:

> „Die Mädchen waren kaum in der Lage, sich emotional mit der Mutter zu verbinden. Bei manchen hatten wir den Eindruck, dass sie sich nie mit der Mutter identifiziert hatten, bei anderen, dass sie sich aktiv

von der Mutter abgekoppelt hatten, weil sie die Mutter als schwach, unfähig oder hilflos ansahen. Viele der Mütter werteten ihre eigene Leistung ab und sahen die weibliche Geschlechtsrolle mit Verachtung an ...

In einigen anderen Fällen schien es so zu sein, dass eine ‚schwere Krankheit' des Kindes oder sein schwieriger Charakter als Kleinkind die Beziehung zur Mutter beeinträchtigt hatte."[19]

Eine Mutter, die als Frau selbst von Männern missbraucht wurde, wird wahrscheinlich die Botschaft weitergeben, dass es gefährlich ist, eine Frau zu sein:

„Sechs der Mütter waren in inzestuösen Beziehungen schwer und wiederholt sexuell missbraucht worden. Ihre ganze Weiblichkeit war davon überschattet. Auf Männer und Männlichkeit reagierten sie mit wachsamer Vorsicht, ihre Sexualität war sehr dysfunktional.

In der psychosozialen Übertragung erhielten die Töchter die Botschaft, dass eine Frau zu sein bedeutet, keinen Schutzraum zu haben. Ein Gefühl von Selbstbewusstsein und Zuversicht bezüglich der Tatsache, dass sie Frauen waren, konnten ihnen die Mütter fast nicht vermitteln."[20]

Die Aufgabe des Vaters

Die Aufgabe des Vaters in der Entwicklung der weiblichen Identität seiner Tochter ist es, ihrem weiblichen Anderssein mit Respekt und Wertschätzung zu begegnen und dieses Anderssein zu spiegeln. Gleichzeitig soll er ihr Liebe und positive Aufmerksamkeit schenken, sodass sie spürt, dass sie der Liebe eines anderen Mannes wert ist. Ein abwesender oder unnahbarer Vater dagegen nimmt ihr die Fähigkeit, Männer richtig wahrzunehmen. Sie hat dann eine verzerrte Vorstellung davon, was sie von einem Mann in einer Beziehung verlangen und rechtmäßigerweise erwarten kann.

Bisweilen begegnet man auch dem oben erwähnten bekannten psychologischen Phänomen der „Identifizierung mit dem Aggressor".

Ein abwesender oder unnahbarer Vater nimmt seiner Tochter die Fähigkeit, Männer richtig wahrzunehmen.

Wenn der Vater oder ein älterer Bruder die Familie tyrannisiert und die Mutter sich von ihrem Mann schlecht gemacht fühlt und sich nicht wehren kann, hat das Auswirkungen auf die Tochter. Sie wird möglicherweise unbewusst den Schluss ziehen, es sei nicht gut, eine weibliche Identität zu haben, das bringe sie nur in eine Position, in der sie verletzt wird. Um Ängste [vor einem gewalttätigen Vater, Anm. d. Hrsg.], die sie sonst überfluten würden, zu vermeiden, weigert sich das Mädchen, sich mit der Hilflosigkeit der Mutter zu identifizieren. Stattdessen identifiziert sie sich mit genau der Männlichkeit, vor der sie sich fürchtet. Es ist dies eine Abwehrhaltung [eben zur Abwehr von Gefühlen der Angst und des Schreckens. Anm. d. Hrsg.].

Es überrascht nicht, wenn Zucker und Bradley schreiben, dass viele Mädchen mit ausgesprochener Geschlechtsidentitätsstörung „stark mit Macht, Aggressionen und Fantasien, wie sie sich schützen können, beschäftigt sind."[21] Als Erwachsene können diese Frauen eine Vorliebe für Sadomaso-, Dominanz- oder Leder-Sexualpraktiken entwickeln. Diese sind Zeichen eines unbewussten Nähe-Distanzkonfliktes in Bezug auf das eigene Geschlecht. Ein Mädchen, das sich nicht ausreichend mit einem gleichgeschlechtlichen Liebesobjekt (der Mutter) identifizieren konnte, hat in sich einen unterdrückten Zorn gegenüber der geliebten Person. Sie sehnt sich nach ihrer Liebe und trägt doch gleichzeitig die Erfahrung vergangener Verletzung in sich.

Sadomasochistische Sexualpraktiken (S/M) sind in der lesbischen Subkultur eher häufig. Eine Psychotherapeutin und gleichzeitig lesbisch lebende politische Aktivistin beschreibt:

> „Ich weiß nicht mehr genau, wann ich entdeckte, dass in vielen unserer lesbischen Zeitschriften, Erotik-Anthologien, in Büchern und auf Konferenzen auf Sadomasochismus in zustimmender oder erotisch positiver Weise hingewiesen wird. Plötzlich, so schien es, war S/M Allgemeingut geworden, wurde richtig gefeiert, besonders unter den jüngeren lesbisch lebenden Frauen. Die Peitschen, Ketten und Herr-und-Sklave-Rollenspiele scheinen uns heute nicht mehr wie früher zu schockieren …
>
> Statt S/M in Frage zu stellen, akzeptieren ihn heute viele lesbisch empfindende Frauen; er gilt als ,geil', betörend und glanzvoll, als ,sex-positiv' und ,absolut queer'."[22]

Die Autorin dieses Zitats ist über die wachsende Beliebtheit von S/M unter lesbisch lebenden Frauen besorgt. Sie schreibt aber ausdrücklich, dass sie nicht wegen ethisch-moralischer Normen beunruhigt ist, sondern weil S/M die *politischen* Ziele der lesbischen Subkultur gefährdet. Sie ist besorgt, weil diese Sexualpraktiken „unterdrückerische Einstellungen gegenüber Frauen, Minderheiten und wirtschaftlich benachteiligten Menschen in unserer Gesellschaft widerspiegeln und verfestigen."[23]

Sexueller Missbrauch

Eine schlechte oder nicht vorhandene Beziehung zwischen Mutter und Tochter sowie eine ungute Beziehung zum Vater sind die Hauptursachen für eine Geschlechtsidentitätsverwirrung beim Mädchen. Aber die Berichte von erfahrenen Therapeuten, von Leitern und Seelsorgern der „Ex-Homosexuellen-Gruppen"[24] stimmen darin überein, dass diese Mädchen auch überdurchschnittlich häufig Opfer sexuellen Missbrauchs durch einen Mann wurden.

Die Seelsorger Anita Worthen[25] und Bob Davies[26] z. B. stellten fest, dass in der Vorgeschichte lesbisch orientierter Frauen, die zu ihnen in die Beratung kamen, auffallend oft sexueller Missbrauch vorgekommen war:

> „Bei Frauen kann Missbrauch durch einen Mann zu großer Angst vor Männern und zu Hass auf Männer führen. Bei Männern kann man sich nicht ‚sicher' fühlen. Das tiefe Bedürfnis der Frau, in einer Verbindung mit einem anderen Menschen zu leben, veranlasst sie dann, enge Beziehungen mit anderen Frauen einzugehen. Oft sind diese anderen Frauen in ähnlicher Weise verletzt. So entstehen lesbische Bindungen."[27]

Das Trauma einer sexuellen Verletzung kann im Leben einer jungen Frau sehr große Auswirkungen haben. Das Mädchen glaubt, seine Weiblichkeit habe irgendwie den sexuellen Missbrauch provoziert, und deshalb müsse es zur Selbstverteidigung jetzt diesen verletzlichen, weiblichen Teil aufgeben. Eine solche Ablehnung der eigenen weiblichen Identität geschieht fast immer unbewusst.

Lesbische Beziehungen und emotionale Abhängigkeit

Lesbische Partnerschaften, sagen einige Experten, können die Qualität einer „Vergötterung" der anderen Person annehmen. Im Gegensatz zu den fast immer offenen Beziehungen homosexuell lebender Männer führt die Beziehung zwischen zwei Frauen meist zu einer intensiven emotionalen Verstrickung. Die Psychotherapeutin Andria Sigler-Smalz, früher lesbisch lebend und heute mit einem Mann verheiratet, beschreibt diese Beziehungen unter anderem so:

> „Während lesbische Partnerschaften im Allgemeinen länger als männliche homosexuelle Beziehungen halten, neigen sie dazu, mit einer großen emotionalen Intensität aufgeladen zu sein. Der „Klebstoff", der sie zusammenhält, besteht aus Eifersucht, übermäßigem Besitzanspruch und verschiedenen manipulierenden Verhaltensweisen. Während der Dauer der Beziehung sind die Höhen („highs") sehr high und die Konflikte extrem. Übermäßig viel gemeinsam verbrachte Zeit, sehr häufige Telefonate, übertriebene Geschenke, übereiltes Zusammenziehen in eine gemeinsame Wohnung und Zusammenwerfen der Finanzen – das sind einige der Wege, die gegangen werden, damit die Beziehung nur durch nichts gestört wird. Wir sehen darin das Gegenstück zu einer gesunden Bindung. Es ist emotionale Abhängigkeit und übermäßige emotionale Verstrickung …
>
> Die emotionale Anziehung, die lesbisch orientierte Frauen spüren, hat oft etwas Verzweifeltes an sich."[28]

Im Allgemeinen entdecken Frauen ihre homosexuelle Orientierung später im Leben als Männer. Dabei spielen vermutlich verschiedene Faktoren eine Rolle: Einmal sind Mädchen nicht so früh sexuell aktiv wie Jungen. Außerdem entwickelt sich eine „lesbische Identität" erst allmählich als Ergebnis tiefer emotionaler Bindungen, nicht so sehr durch sexuelles Ausprobieren. Bei homosexuell empfindenden Jungen dagegen spielen kurze sexuelle Kontakte und sexuelles Ausprobieren eine größere Rolle.[29]

Transsexualität

Probleme und Konflikte bezüglich der eigenen weiblichen Identität sind nicht immer am Aussehen oder „männlichen" Verhalten erkennbar. Einige lesbisch empfindende Frauen wirken sehr feminin. Bei anderen kann die „Vermännlichung" extreme Formen annehmen.

Konflikte bezüglich der eigenen weiblichen Identität sind nicht immer am Aussehen oder „männlichen" Verhalten erkennbar.

Ein Beispiel für ein heranwachsendes Mädchen mit besonders schwerer Geschlechtsidentitätsstörung ist „Cindy". Cindys Ablehnung ihrer weiblichen Identität führte bei ihr nicht nur zum Lesbianismus, sondern zu einer noch tieferen Ablehnung: der des ganzen eigenen Körpers. Cindy war vierzehn und lebte mit ihrer Mutter auf dem Land. Ihre Mutter war nie verheiratet gewesen, sondern hatte verschiedene Liebhaber über die Jahre gehabt. Cindy konnte sich an ihren Vater nicht erinnern und hatte von erwachsenen Männern nie wirklich Zuwendung erlebt.

Als Cindy zum ersten Mal in meine Praxis kam, trug sie ein übergroßes Männerhemd, ausgewaschene Jeans und Stiefel. Sie saß breitbeinig da, die Ellenbogen auf die Knie gestützt. Ihre Stimmlage und die Art und Weise, wie sie kommunizierte, waren ziemlich maskulin, ebenso ihre Gesten und Verhalten. Von Zeit zu Zeit musste ich mich selbst daran erinnern, dass sie ein Mädchen war.

Ganz stolz erzählte sie mir, dass es noch niemand geschafft habe, sie zu einem Kleid zu überreden. Ihr ganzes Leben lang habe sie sich als Junge gefühlt und wollte auch immer einer sein. Eine kürzlich ausgestrahlte Fernsehsendung über eine Geschlechtsumwandlungsoperation habe sie so fasziniert, dass sie nur noch darauf wartete, von zu Hause ausziehen zu können, um sich operieren zu lassen.

Cindy erzählte mir, dass sie eine tiefe emotionale und sexuelle Beziehung zu einem anderen Mädchen gehabt habe. Sie, Cindy, sei nicht lesbisch, sie sei nur eigentlich ein Junge und wolle eine Freundin wie alle anderen Jungen auch. In dem, was Cindy mir sagte, lag keine Rebellion oder der Wunsch, mich zu schockieren. Es war eher der klare und kompromisslose Ausdruck ihrer persönlichen Überzeugung.

Cindy war intelligent, hatte aber schlechte Schulnoten. Und sie hatte ein Problem in der Schule, weil sie unbedingt die Jungentoilette benutzen wollte. Ihre sozialen Kontakte beschränkten sich größtenteils auf andere Jungen in der Schule. Bei jeder Gelegenheit erinnerte sie daran, dass sie nicht Cindy, sondern Rick heiße. Den Namen hatte sie sich aus Verehrung für einen männlichen Rockstar ausgesucht. Sie verabscheute alles Weibliche, auch ihre eigene körperliche Entwicklung zur Frau, und trug Holzfällerhemden, um ihre Brüste zu verstecken, die sie hasste.

Die meisten Schulkameraden lehnten Cindy ab. Die wenigen männlichen Freunde, die sie hatte, waren Rebellen, radikale Außenseiter, Schulversager oder Drogensüchtige. Cindy litt oft an Depressionen und hatte Selbstmordgedanken. Immer wieder erklärte sie, wenn sie nicht als Mann leben könne, würde sie sich umbringen.

Cindys Geschichte ist bemerkenswert und lehrreich, wenngleich schon sehr extrem. In solch einem Fall ist es die Aufgabe des Therapeuten, biologische und psychologische Faktoren, die hinter den Problemen der Klientin stehen, voneinander zu unterscheiden. Außerdem muss er herausfinden, ob die Klientin ihre Weiblichkeit entwickeln möchte. Wenn ja, kann er eine „Re-Orientierungstherapie"[30] anbieten. Viele Frauen mit ähnlich tief liegenden Konflikten bezüglich ihrer weiblichen Identität suchen sich Therapeutinnen, die ihnen zu einer Geschlechtsumwandlungsoperation raten, was wir [z. B. die Therapeuten, die NARTH angeschlossen sind, Anm. d. Hrsg.] aber nicht befürworten können. Eine Operation, die im Grunde eine Verstümmelung des eigenen Körpers ist, kann keine langfristige Lösung sein.

> *Das weibliche Ideal, kreativ, ausdrucksstark, intuitiv, empfangend, mitfühlend, in Berührung mit Geist und Materie, ist homosexuell empfindenden Frauen verloren gegangen.*

Ungestillte Bedürfnisse nach mütterlicher Fürsorge

Einige lesbisch empfindende Frauen leiden weniger unter dem ungestillten Bedürfnis nach einer Identifikation mit der Mutter und dem Weiblichen, als vielmehr an einer ungestillten Sehnsucht nach mütterlich-fürsorglicher Zuwendung. Diese Frauen tragen das unbewusste Bedürfnis in sich, ihre fragile Mutter-Tochter-Bindung irgendwie zu festigen. Ihr Hauptproblem ist, dass sie einen Mangel an weiblicher Fürsorge erlebt haben. Die Therapeutin Diane Eller-Boyko erklärt dieses ungestillte Verlangen, das sie selbst auch erlebt hat, so:

„Eine Klientin wird mir in etwa sagen: ‚Mich mit einer anderen Frau zu verbinden, fühlte sich wie die Erfüllung einer uralten Sehnsucht an. Es war wie ein Nachhausekommen.' – Wenn sie mir das sagt, weiß ich, dass etwas Weibliches in ihr nicht entwickelt ist. Das weibliche Ideal, kreativ, ausdrucksstark, intuitiv, empfangend, mitfühlend, in Berührung mit Geist und Materie, das ist irgendwie verloren gegangen. Wenn sich eine Frau in eine andere Frau verliebt, versucht sie in Wirklichkeit, sich mit sich selbst zu verbinden.

Wenn wir Lesbianismus entwicklungsgeschichtlich ansehen, würde ich sagen, sie sucht das Urbild der ‚guten Mutter'.“[31]

> *Wenn sich eine Frau in eine andere Frau verliebt, versucht sie in Wirklichkeit, sich mit sich selbst zu verbinden.*

Diane Eller-Boyko schreibt, dass viele lesbisch orientierte Frauen, die Veränderung suchen, die Therapie nicht durchhalten. Die emotionale Bindung einer lesbischen Beziehung aufzugeben, scheint zu bedrohlich zu sein – fast so etwas wie ein Sterben. Eller-Boyko dazu:

„Einem [homosexuell empfindenden] Jungen im Teenageralter kann man sagen: ‚Okay, du kannst deine emotionalen Bedürfnisse beantwortet bekommen, es muss nicht sexuell werden.' Das Mädchen dagegen mag empfinden, dass die Therapeutin sie bitten könne, eine Beziehung aufzugeben, die sie zutiefst braucht und von der sie zutiefst abhängig ist. In den meisten Fällen hat sie das Gefühl, dass sie ohne die Andere, die ihr so viel bedeutet, nicht leben kann.

Eine lesbisch orientierte Frau sagt vielleicht: ‚Nur in der sexuellen Beziehung mit der anderen Frau habe ich das Gefühl, geliebt und umsorgt zu sein.' Insbesondere denjenigen, die als Mädchen sexuellen Missbrauch erlebt haben, erlaubt die homosexuelle Beziehung das Gefühl, alles unter Kontrolle zu haben. Für sie ist die lesbische Sexualität eine Möglichkeit, in einer bedrohlichen Situation die Oberhand zu behalten. Es ist für sie die einzige Art, sich in ihrer Sexualität ‚sicher' zu fühlen.“

Eine Checkliste für Eltern, die Töchter haben

Das Folgende ist eine Liste mit Fragen für Eltern, die vermuten, dass ihre Tochter an einer Geschlechtsidentitätsverwirrung leidet. Denken Sie über die Fragen nach, sprechen Sie mit Ihrem Ehepartner darüber und, wenn möglich, mit einem geeigneten Therapeuten. Mit dieser Liste kann man nicht in jedem Fall erkennen, ob ein Mädchen nun lesbische Neigungen entwickeln wird. Die Ursachen weiblicher Homosexualität sind komplexer als die der männlichen Homosexualität. Aber die Liste ist ein wichtiger Ausgangspunkt:

1. Verhält sich Ihre Tochter ausgesprochen „unmädchenhaft"?

2. Lehnt sie ihre weibliche Anatomie ab?

3. Wenn sie Fragen hat, geht sie damit zu ihrer Mutter? Bittet sie ihre Mutter, mit ihr zusammen etwas zu tun? Zeigt sie ihrer Mutter ihre Spielsachen, Spiele und erzählt ihr, was sie tut, oder geht sie immer nur zum Vater? Hat sie eine warmherzige, lockere Beziehung zur Mutter? Macht sie gerne „Mädchensachen" mit der Mutter zusammen?

4. Hat Ihre Tochter gute Beziehungen zu anderen Mädchen?

5. Lehnt es Ihre Tochter kategorisch ab, jemals zu heiraten und Kinder zu bekommen?

6. Wie früh und wie oft haben Sie eine der folgenden Verhaltensweisen bei Ihrer Tochter beobachtet?
    a) Zieht sich wie ein Junge an und lehnt jede Mädchenkleidung ab.
    b) Männliche Gestik und Verhalten, auch männliche Stimmlage.
    c) Bevorzugt Jungenspielsachen und Jungenaktivitäten.
    d) Lehnt Mädchen und ihre Spiele ab, bzw. hat kein Interesse daran.
    e) Besteht darauf, mit einem Jungennamen gerufen zu werden.

7. Ermutigt der Vater seine Tochter, ihre Weiblichkeit zu entwickeln?

Die Autobiographie von Chastity Bono

Die Entertainer Sonny und Cher ließen sich scheiden, als ihre Tochter Chastity vier Jahre alt war. In ihrer Autobiografie *Family Outing* schreibt Chastity, dass sie sich emotional zwischen einer distanzierten,

ablehnenden Mutter, die eine Neigung zu unvorhersehbaren Wutaus-
brüchen hatte, und einem Vater, der meist abwesend war, gefangen
fühlte.
Zu gleichaltrigen Mädchen hatte sie keine Beziehungen. Chastity,
die sich heute als lesbische Frau bezeichnet, beschreibt, wie ihre Eltern
sie in ihrem Ehestreit benutzten, um es einander heimzuzahlen:

> „In gewisser Weise war ich der Sohn, den mein Vater nie hatte ...
> Wenn mein Vater mein jungenhaftes Verhalten ermutigte, wurde mei-
> ne Mutter ärgerlich. Ich denke, sie haben ihre Frustration übereinan-
> der auf meinem Rücken ausagiert: Mein Vater provozierte meine Mut-
> ter, indem er mich zu einem jungenhaften Verhalten ermutigte; und
> meine Mutter hatte Probleme mit mir, weil sie sah, dass ich in mei-
> nem Verhalten wie mein Vater war."[32]

Die Mutter Cher regte sich darüber auf, dass ihre Tochter nur Män-
nerkleidung trug und keine Freundinnen hatte. Erfolglos versuchte sie,
Chastity dazu zu überreden, in der Schule Kleider zu tragen. Das
Gegenteil trat ein – irgendwann schwor sich Chastity, „niemals irgend-
welche Mädchenkleider zu tragen". Die Weichen zur Entwicklung homosexueller Gefühle waren gestellt.

Wenn ein Mädchen zur Therapie kommt

Wenn Eltern entdecken, dass ihre Tochter eine homosexuelle Bezie-
hung hat, werden sie meist versuchen, sie zum Aufgeben des sexuellen
Verhaltens zu bringen. Die Tochter dagegen ist vor allem mit ihren Gefühlen der Einsamkeit, Entfremdung, Ablehnung und dem geringen
Selbstwertgefühl beschäftigt. Eine gute Therapeutin oder ein guter
Therapeut vermitteln ihr, dass sie die Bedeutung ihrer Gefühle verste-
hen.
Einer der wichtigsten Gründe, unglücklich zu sein, hat mit der Tat-
sache zu tun, dass man sich in der Familie nicht verstanden fühlt. Der
Vater z. B. muss überlegen, wie viel Anteil er am Leben seiner Tochter
nimmt. In den meisten Fällen muss er seine Tochter stärker unterstüt-
zen und weniger auf sie eindringen. Die Mutter muss lernen, ihrer
Tochter ihre Gefühle mitzuteilen, sich verletzlich zu machen und eine
Beziehung zu ihr aufzubauen, die auf größerer Gegenseitigkeit beruht.

Die Entwicklung zur weiblichen Homosexualität ist nicht immer schon im Kindesalter erkennbar. Ein Anfang ist aber gemacht, wenn die Mutter über folgende Fragen nachdenkt:

- Wie ist die Beziehung zu meinem Mann?
- Welche Gefühle habe ich bezüglich der Weiblichkeit meiner Tochter?
- Wie ermutige, unterstütze und spiegele ich die sich entwickelnde Weiblichkeit meiner Tochter?
- Welche Einstellung habe ich zur Beziehung meiner Tochter zu ihrem Vater?
- Fühle ich mich durch die Aufmerksamkeit, die mein Mann meiner Tochter gibt, bedroht?
- Bin ich eifersüchtig oder empfinde meine Tochter als Konkurrentin, was ihre Beziehung zu ihrem Vater angeht?
- Geben mir mein Mann und meine Tochter das Gefühl, ausgeschlossen zu sein?
- Würde es mir helfen, über diese Fragen und über unsere Familienbeziehungen allgemein mit einem geeigneten Psychotherapeuten zu reden?

Eltern, die ein Mädchen mit Geschlechtsidentitätsverwirrung haben und die für ihr Kind gut sorgen möchten, sollten unmittelbar eine gründliche Einschätzung der Beziehung zwischen Tochter und Mutter vornehmen. Das ist nicht nur wichtig, wenn das Mädchen deutliche Zeichen einer Identitätsstörung zeigt, sondern auch, wenn die Identitätsstörung nicht so offensichtlich ist, die Beziehung zur Mutter aber konflikthaft oder feindselig.

Lesbianismus „als Mangel"

Einige Frauen scheinen sich als Mädchen unkompliziert zu entwickeln, empfinden heterosexuell und heiraten – und geraten dann zur Überraschung der ganzen Familie in eine homosexuelle Beziehung. Dr. Richard Fitzgibbons ist der Auffassung, dass eine emotional instabile Frau, die ungestillte Bedürfnisse nach weiblich-mütterlicher Fürsorge in sich trägt, aus Enttäuschung, Einsamkeit oder Desillusionierung heraus eine lesbische Beziehung eingehen kann. Das kann während einer emotional leeren Ehe oder nach einer Scheidung geschehen.[33] Solche Frauen können mehrfach in ihrem Leben zwischen lesbischen und heterosexuellen Beziehungen hin- und herschwanken.

Die öffentlichen Verliebtheiten der lesbisch lebenden Entertainerin Ellen DeGeneres mit ihrer Partnerin sowie der Sängerin Melissa Etheridge mit deren Partnerin zeigen das „Fließende", das manche Frauen in Bezug auf ihre Sexualität erleben. Beide hatten eine Partnerin, die zuvor heterosexuell, dann einige Jahre lesbisch und später wieder heterosexuell lebte. Solches Hin- und Herschwanken kommt bei Frauen häufiger als bei Männern vor.

> *Eine emotional instabile Frau kann aus Enttäuschung über eine emotional leere Ehe eine lesbische Beziehung eingehen.*

Die Aufgaben im Heilungs- und Veränderungsprozess

Die Psychotherapeutin Diane Eller-Boyko beschreibt in einem Interview, wie eine Therapie bei einer erwachsenen Frau abläuft. Dabei beschreibt sie gleichzeitig ihren eigenen Weg, auf dem sie selbst Heilung und einen Weg heraus aus einer lesbischen Orientierung gefunden hat. Dieser Weg, so Eller-Boyko, ist eine allmähliche Wiederverbindung mit der eigenen Weiblichkeit. Klientin und Therapeutin suchen dabei gemeinsam die Entwicklungsblockaden, die zur „Erosion und Entwertung der Weiblichkeit" geführt haben.

> „Statt sich nach einer anderen Frau umzusehen, versuche ich, sie an ihr eigenes, verborgenes Reservoir anzuschließen … Nur wenn sie durch diese tiefe Verbindung mit ihrer eigenen Weiblichkeit ‚aufgefüllt' ist, kann sie sich auch auf den Weg machen, um sich mit dem Männlichen zu verbinden."

Wie oben gesagt, gibt es viele Faktoren, die zur Entstehung von lesbischen Empfindungen bei Frauen führen. Eltern sollten deshalb nicht alle Verantwortung auf sich nehmen. Homosexuelle Neigungen und eine daraus gewählte „Identität" hängen auch vom Einfluss der Gleichaltrigen-Gruppe ab, von persönlichen Eigenschaften, von eigenen Entscheidungen, möglicherweise sexuellem Missbrauch und manch-

> *Der Weg heraus aus der Homosexualität ist eine allmähliche Wiederverbindung mit der eigenen Weiblichkeit.*

> *Unsere gegenwärtige Kultur hat kein Verständnis für die Bedeutung eines guten, tieferen Hineinwachsens in die eigene Weiblichkeit oder Männlichkeit.*

mal auch von biologischen Faktoren, die Einfluss auf „jungenhaftes" Verhalten nehmen.

Auch gesellschaftliche Einflüsse verstärken bestimmte Haltungen unserer Töchter. Unsere gegenwärtige Kultur hat kein Verständnis für die Bedeutung eines guten, tieferen Hineinwachsens in die eigene Weiblichkeit oder Männlichkeit.

---

[1]   NARTH: National Association for Research and Therapy of Homosexuality. Näheres ist zu erfahren auf der Webseite www.narth.com.

[2]   Boyer, Jane, in: Linda Ames Nicolosi, „One Woman's Struggle: Interview with Jane Boyer: NARTH Bulletin, August 1999, S. 3.

[3]   Diane Eller-Boyko hat früher selbst homosexuell gelebt, ist heute verheiratet und hat zwei Kinder. Ein kurzer Ausschnitt aus ihrer Lebensgeschichte findet sich in dem deutschsprachigen Video: „Homosexualität und die Chance zur Veränderung", 2. Auflage 2002, Bezug über Deutsches Institut für Jugend und Gesellschaft, Pf. 1220, D-64382 Reichelsheim, E-Mail: institute@ojc.de, Anm. d. Hrsg.

[4]   Nicolosi, Linda Ames, „Interview: Diane Eller-Boyko", NARTH Bulletin, April 1998, S. 3.

[5]   Siegel, E., *Weibliche Homosexualität, Psychoanalytische und Psychotherapeutische Praxis*, Reinhardt, München 1992, im Original: *Female Homosexuality, Choice without Volition: A Psychoanalytic Study*, Hillsdale, N.J.: Analytic Press, 1988.

[6]   Nicolosi, Linda Ames, „Elaine Siegel on Lesbianism", NARTH Bulletin, Dezember 1996, S. 3.

[7]   Siegel, E., *Weibliche Homosexualität*, aus dem Original S. 537 übersetzt.

[8]   Schoenewolf, Gerald, *Gender Narcissism and Its Manifestations*, NARTH Gesammelte Schriften, 1996, (www.narth.com). Gerald Schoenewolf ist Psychoanalytiker der National Association for the Advancement of Psychoanalysis (NAAP) und Mitglied der American Psychological Association (APA). Er ist Direktor des Living Center, eines psychotherapeutischen Zentrums für Künstler. Zu seinen Veröffentlichungen gehören: *Turning Points in Analytic Therapy: The Classic Cases*, Aronson, 1990. *The Art of Hating*, Aronson, 1991. *Psychotherapy With People in the Arts: Nurturing Creativity*, Haworth, 2002, Anm. d. Hrsg.

[9] Ebd.

[10] Dr. Richard Fitzgibbons ist Psychiater und Direktor der „Comprehensive Counseling Services" in Conshohocken, Pennsylvania. Außerdem ist er Mitglied der Catholic Medical Association. Er begleitet seit über 25 Jahren homosexuell empfindende Menschen, die Wege heraus aus der Homosexualität suchen. Zu seinen Veröffentlichungen gehört: *Helping Clients Forgive: An Empirical Guide for Resolving Anger and Restoring Hope*, American Psychological Association, 2000, Anm. d. Hrsg.

[11] Fitzgibbons, Richard, „The Origins of Same-Sex Attraction Disorder", in: *Homosexuality and American Public Life*, herausgegeben von Christopher Wolfe, Dallas: Spence, 1999, S. 85–97.

[12] Socarides, C., *Homosexuality: A Freedom Too Far*, Phoenix: Adam Margrave, 1995, S. 279. Dr. Charles Socarides ist Professor (em.) für klinische Psychiatrie am Albert Einstein College für Medizin in New York City. Er hat über 80 Originalarbeiten zum Thema Homosexualität veröffentlicht. Von ihm erschien der Aufsatz „Die Auflösung der heterosexuellen Norm" in: Bulletin Nr. 2, 2001, Deutsches Institut für Jugend und Gesellschaft, Pf. 1220, 64382 Reichelsheim, E-Mail: institute@ojc.de. In deutscher Sprache erschien von Charles W. Socarides: *Der offen Homosexuelle*, Suhrkamp, Frankfurt 1971 (vergriffen), Anm. d. Hrsg.

[13] Rekers, G. A. und S. Mead, „Early Intervention for Female Sexual Identity Disturbance: Self-Monitoring of Play Behaviour", in: *Journal of Abnormal Child Psychology 7*, 1997, S. 405–23. George A. Rekers, Ph.D., ist Professor für Neuropsychiatrie und Verhaltenswissenschaft, sowie Forschungsdirektor für Kinder- und Jugendlichenpsychiatrie an der Universität von South Carolina School of Medicine in Columbia, S.C. Er hat als Autor verschiedene Bücher veröffentlicht und ist Herausgeber des *Handbook of Child and Adolescent Sexual Problems*, Lexington, Jossey-Bass, Simon & Schuster, 1995, Anm. d. Hrsg.

[14] Saghir, M. und E. Robins, *Male and Female Homosexuality*, Baltimore: Williams & Wilkins, 1973.

[15] Fraiberg, Selma, *The Magic Years: Understanding and Handling the Problems of Early Childhood*, New York, Scribner 1959, S. 231–232. [Deutsch: *Die magischen Jahre: Familiäre Beziehungen in der frühen Kindheit*, Hoffmann & Campe, 1996. Die vorliegende Übersetzung erfolgte direkt aus dem Englischen. Anm. d. Hrsg.]

[16] Saghir, M. und E. Robins, *Male and Female Homosexuality*, a.a.O.

[17] Rekers, G. A. und S. Mead, *Early Intervention for Female Sexual Identity Disturbance*, a.a.O., S. 405–423.

[18] Stoller, Robert, „The Sense of Femaleness", in: *Psychoanalytic Quarterly 37*, 1968, S. 42–55.

[19] Zucker, Kenneth und Susan Bradley, *Gender Identity Disorder and Psychosexual Problems in Children and Adolescents*, New York: Guilford, 1995, S. 252.

[20] Ebd., S. 253.

[21] Ebd.

[22] Brockmon, Carol, „A Feminist View of Sado-Masochism in the Nineties", in: *In the Family 3*, Nummer 4, 1998, S.11.

[23] Ebd.

[24] Gruppen und Selbsthilfeorganisationen für Frauen und Männer, die eine Veränderung ihrer homosexuellen Empfindungen hin zur Heterosexualität anstreben und oft erlebt haben. Anm. d. Hrsg.

[25] Anita Worthen ist seit über 12 Jahren in der Seelsorge mit Menschen tätig, die ihre Homosexualität als konflikthaft erleben und Wege heraus aus der Homosexualität suchen. Sie und ihr Mann Frank Worthen haben die Organisation „Love in Action" gegründet. Von Anita Worthen ist auf Deutsch der Aufsatz „Beratung von Angehörigen homosexuell Lebender" erschienen in: *Homosexualität und christliche Seelsorge: Dokumentation eines ökumenischen Symposiums*, Aussaat Verlag, 1995. Anm. d. Hrsg.

[26] Bob Davies ist Direktor von „Exodus International" in Nordamerika, einem Netzwerk von Organisationen für Frauen und Männer, die Auswege aus der Homosexualität suchen. Er ist Co-Autor des Buches *Coming Out of Homosexuality – New Freedom for Men & Women*, Downers Grove Illinois, InterVarsity Press, 1993 und von *Portraits of Freedom*, Downers Grove Illinois, InterVarsity Press, 2001, Anm. d. Hrsg.

[27] Worthen, Anita und Bob Davies, *Someone I Love Is Gay*, Downers Grove Illinois, InterVarsity Press, 1996, S. 83.

[28] Im englischen Original des Aufsatzes von L. und J. Nicolosi befindet sich an dieser Stelle ein wesentlich längeres Zitat aus dem Aufsatz von Andria Sigler-Smalz, „Die lesbische Frau verstehen, die Hilfe sucht" (s. S. 77f. in diesem Buch). Es wurde hier gekürzt, da der gesamte Aufsatz auf S. 74–80 nachzulesen ist. Anm. d. Hrsg.

[29] Bell, A. P., N. S. Weinberg, S. K. Hammersmith, *Der Kinsey Institut Report über sexuelle Orientierung und Partnerwahl*, Bertelsmann Vlg., München, 1989.

[30] Im Englischen: Reorientation Therapy, Fachausdruck für Therapieformen, die Menschen mit ungewollter Homosexualität auf ihrem Weg der Veränderung heraus aus einem homosexuellen Lebensstil begleiten. Anm. d. Hrsg.

[31] Nicolosi, Linda Ames, „Interview: Diane Eller-Boyko", a.a.O., S. 3.

[32] Bono, Chastity, *Family Outing*, New York: Little Brown, 1999, S. 7.

[33] Fitzgibbons, Richard, „The Origins and Therapy of Same-Sex Attraction Disorder", NARTH Bulletin, December 2000, S. 3.

Quellenangabe:

Die Beiträge dieses Buches wurden abgedruckt mit freundlicher Genehmigung von:

- Andria Sigler-Smalz: © NARTH, aus NARTH Bulletin April 2001
- Janelle Hallman-Burleson, © bei der Autorin
- Joseph und Linda Ames Nicolosi, Auszug aus: dies., *A Parent's Guide to Preventing Homosexuality*, mit freundlicher Genehmigung von InterVarsity Press, P.O. Box 1400, Downers Grove, IL 60515, USA. www.ivpress.com.

Übersetzung aus dem Amerikanischen:
Marion Gebert und
Brigitte Marliani-Hörnlein

Weiterführende Literatur:

Paulk, Anne und John: *Umkehr der Liebe*, Schulte & Gerth, Asslar 2000

Siegel, Elaine V.: *Weibliche Homosexualität: psychoanalytische und therapeutische Praxis*, Reinhardt, München u. a. 1992

Richard Cohen

Ein anderes Coming Out

Homosexualität und Lebensgeschichte
Orientierung für Betroffene, Angehöri-
ge und Therapeuten

320 S., Paperback,
mit grafischen Abbildungen
ISBN 3-7655-1219-2

Ein anderes Coming Out wirft ein neues Licht auf ein viel diskutier-
tes Thema: Liegt die Ursache für die schwierige Situation homophil
empfindender Menschen allein in der Diskriminierung durch Kirche
und Gesellschaft? Hilft man Menschen mit homosexuellen Neigungen
dadurch, dass man diese Lebensweise als gleichberechtigt anerkennt?

Richard Cohen ist entschieden anderer Meinung. Seine Begründung
liegt in seinen eigenen Erfahrungen: Als selbst Betroffener suchte er
jahrelang nach einem Ausweg aus einer Situation, die er als zutiefst
unglücklich und unbefriedigend erlebte. Neben seiner Ausbildung
zum Psychotherapeuten ist es vor allem sein eigener Weg, der ihm
fundierte Einsicht in Ursachen und Bedingungsfaktoren gleichgeschlechtlicher Orientierung ermöglichte. Einfühlsam, sachkundig und
unideologisch stellt das Buch die wesentlichen Entstehungsfaktoren
gleichgeschlechtlicher Orientierung in der Lebensgeschichte von homosexuell empfindenden Menschen dar. Der Autor zeigt konkrete
Schritte zur Veränderung auf und ergänzt seine Darstellung durch Le-
bensberichte von Menschen, die diesen Weg ebenfalls gegangen sind.

BRUNNEN VERLAG GIESSEN
www.brunnen-verlag.de

Dan B. Allender

Das verwundete Herz

Hilfe für erwachsene Opfer sexueller
Gewalt im Kindesalter

288 S., Paperback
ISBN 3-7655-1268-0

Dan B. Allender gibt verständnisvoll, aber ohne falsche Zurückhaltung
Einblick in die zerstörerische innere Dynamik, die die Erfahrung sexuellen Missbrauchs in einem Menschen in Gang setzt: ein Chaos ambivalenter Gefühle zwischen Zorn und Ohnmacht, Scham und Verachtung, Rachefantasien und Hilflosigkeit. Allender zeigt einen Weg
zur Überwindung des Schmerzes; einen Weg zu einem Leben in guten
Beziehungen.

„Ein bemerkenswertes Buch. Es bietet sicher nicht das letzte Wort in
der Diskussion darüber, wie eine Seelsorge, die sich als biblisch versteht, Opfern sexueller Gewalt begegnen und helfen kann; aber ganz
gewiss bietet es weit mehr als nur ein erstes Wort. Sorgfältig begründet
und außerordentlich scharfsichtig erläutert es, welche verheerenden
Folgen sexuelle Gewalt in der Seele des Opfers anrichtet und welche
Hindernisse Opfer sexueller Gewalt auf dem Weg zur Heilung überwinden müssen. Das mag zunächst Schmerz auslösen, vielleicht
Widerstand hervorrufen, aber es wird dem aufrichtig suchenden
Leser – ob selbst Betroffener oder Freund und Begleiter – in jedem Fall
Hoffnung geben."   *Dr. Larry Crabb*

BRUNNEN VERLAG GIESSEN
www.brunnen-verlag.de